子どもが「学び合う」オンライン授業！

西川純 編著

学陽書房

JN011317

はじめに

　今回の新型コロナウイルスの流行（以下、コロナ禍）によって学校教育は大きく混乱しました。私のところには全国各地の教師からいろいろな情報が流れてきます。さまざまな悲喜劇が繰り広げられています。

　私は学力の保証に関してあまり心配していません。休校中であっても、世の中には学校以外にも学習ツールはあふれています。成績上位層の子どもにとっては、休校中の自習のほうが成績中または中の下の層に合わせた学校の授業より先に進めるでしょう。

　私が心配しているのは、休校期間中、孤立していた子どもたちの心です。そして、休校解除後に始まった児童虐待のような授業、感染の拡大、感染対策のために友だちに関わることを制限され休校期間中よりもさらに孤立化する子どもの心を心配しています。

　子どもたちの心を守れるのは、教師の家庭訪問や電話ではありません。友だちとの何気ない会話の積み上げだと思います。しかし、学校で講じられている多くの試みはこの部分が抜けているのです。

　コロナ禍との付き合いは長くなるでしょう。休校され、休校解除になり、再度、休校になるでしょう。休校解除後に伝染を恐れ出席させない家庭の子どもは必ずいます。これらに対応しなければなりません。さらに、不登校、長期病欠児童へのオンライン授業は制度として始まっていますが、まだ進展していません。

　つまり、**コロナ禍の進行に関わらず、オンライン授業による子どもたちの関わりの担保は学校の責務です**。ぜひ、取り組んでください。

　本書はオンライン授業の経験がない方を対象としています。そのため、基礎の基礎に留めています。断言します。本書を手に取る方だったら本書で取り組み始めたら、あっという間に本書のレベルを超え、

独自の実践ができるようになるでしょう。本書で紹介する Zoom は奥が深く、いろいろなことができます。本書で設定方法の基礎を学ばれたならば、ネット検索で自ら学び、機能を拡張することも可能です。

　本書はホスト役の教師向けの本です。子ども用のマニュアルはネットで配信しています。教え子には難しすぎないかと危惧される方もおられるでしょう。ご安心ください。子どもたちのうち 2 割ぐらいの子どもが理解でき、本書で紹介している自習室で学び合えば、あっという間に広がります。小学校低学年の場合でも、保護者に使いこなしている方はいますのでご安心ください。さらに、子どもはあっという間に使いこなします。そこには大きな可能性があります。

　本書を執筆している上越教育大学の西川研究室はオンライン授業に取り組もうとする教師、学校、行政をサポートしています。

　具体的にはオンライン授業をまず、子どもの立場になって経験していただきます。そして、教師の立場としても経験できます。本書でわからないことがあればサポートします。Facebook で「西川 lab」で検索してください。そして、そこに連絡すれば、ゼミ生たちはサポートします。

　西川ゼミの目標は「自分の心に響き、多くの人の心に響く教育研究を通して、自らを高め、一人も見捨てない教育・社会を実現する」です。このことにロマンを感じ、西川ゼミに所属しているのです。**頑張る先生方の向こう側に多くの子どもたちがいることを我々は知っています。我々は見捨てません。**

　なお、Zoom の授業実施に関係する機能追加や大きな変更等があった場合は、ホームページ (https://nishikawa-lab.jimdofree.com/online/) にアップします。

2020 年 6 月

上越教育大学大学院教授

西川 純

もくじ

第1章 オンライン授業が求められている
西川 純

第2章 オンライン授業をやってみよう！

第**3**章 オンライン授業を始めるために
～ Zoomを使い始めてみよう～

第**4**章 朝の会をやってみよう！

第**5**章 実際のオンライン授業の進め方

第**1**章

オンライン授業が
求められている

西川　純

いまこそオンライン授業が必要になっている

危機に対応するいま必要な教育は？

　危機管理の基本は最悪を想定し、それに備えることです。

　いま、仮に感染者数が減少しても、常に再流行の危険性があります。もし、ある学校でクラスターが発生したら、2週間以上の休校措置をとるでしょう。安定して学校を開き続けるためには、画期的な治療薬、ワクチンの開発が待たれます。それらは1年から1年半かかるといわれています。つまり、それまでは学校で学ぶことはできない時期が何度も生じることを想定すべきです。

　「学校で学ぶことができない教育」を教育関係者は想定できないのです。だから、心の中できっと元通りになれると願い続けていて、場当たり的な対策しかとれません。しかし、**この状態から逃れる術はオンライン教育しかありません。**

学校は三密が避けられない

　先に述べたように、危機管理とは最悪を想定して備えなければなりません。休業解除の学校では、さまざまな制限がかかっていると思います。しかし、それでも危険性はかなり高いのです。テレビで報道されている、自粛要請をしているにも関わらず開店していたパチンコ店をどう思いましたか？　そして、そこに集まっていた客をどう思いましたか？　**学校はパチンコ店以上に危険な場所です。**

学校とパチンコ店はどちらが危険か？

　考えてみてください。多くの飲食店・劇場では、テーブル、もしくは椅子2台空けて座るようにしています。パチンコ店の椅子を2台おきに座らせるようにした状態を想像してください。一方、学校での姿を想像してください。どちらがソーシャルディスタンスを保てますか？

　全日本遊技事業協同組合連合会の「ファンに対するアンケート調査」（http://www.zennichiyuren.or.jp/assets/files/2017/07/kensen777_questionnaire_sum.pdf）によれば、遊技回数に関して週1〜2回程度が最も多く、32.5%でした。週5日以上と答えた人の割合は1割以下です。一方、学校では全員が週5日通学するのです。

　同調査によれば、遊戯時間は1日3時間程度が最も多く、23.2%でした。6時間以上というのは2割以下です。一方、学校には全員が6時間はいます。

　パチンコ店では客は対面することもなく、話しもしません。一方、学校では子どもたちは対面し、話します。授業中にそれを抑えられても、休み時間になったら話しまくるでしょう。みなさん、クラスの子どもたちを思い起こしてください。あなたは休み時間に友だちと話さないことを強いることができますか？　それもずっとなのです。仮に、それを強いたら、子どもたちのストレスはどうなるでしょう。家にいて、自由に電話やラインで友だちとつながれるほうが「まし」ではないでしょうか？

子どもを登校させるのが不安な保護者

子どもを守るには

　文部科学省の「新型コロナウイルス感染症に対応した小学校、中学校、高等学校及び特別支援学校等における教育活動の再開等に関するQ&A（令和2年4月23日時点）」の問6「感染経路の分からない患者が増えている地域にあり、保護者から学校を休ませたいと相談されたが、どうしたらよいか」をお読みください。それによれば、**感染の可能性が高まっていると保護者が考えるに合理的な理由があると校長が判断する場合には、欠席とはしない場合もありうると書いてあります。**そして、合理的理由の基準は書いていません。

　つまり、保護者が「不安だ」と訴え、「もし我が子が感染した場合、あなたが責任を取るのか？」と言えば学校に登校しなくてもよくなります。そして、その子に対しても教育を保証しなければならないのです。**私は保護者が総合的に考えて、出席させるという判断をしたら、その判断を尊重すべきだと思います。**子どもの生命・健康なのですから他人がとやかく言えるものではありません。

登校できない子どもたち

　文部科学省の「新型コロナウイルス感染症対策のための臨時休業等に伴い学校に登校できない児童生徒の学習指導について（通知）」（令和2年4月10日）によれば、学校の再開後においてやむを得ず学校

に登校できない児童生徒とは以下の4タイプです。

① 児童生徒の感染が判明した場合又は児童生徒が感染者の濃厚接触者に特定された場合
② 児童生徒に発熱等の風邪の症状がみられる場合
③ 医療的ケアが日常的に必要な児童生徒や基礎疾患等のある児童生徒について、事務次官通知に示す内容に従い、登校すべきでないと判断された場合
④ 校長が「非常変災等児童生徒又は保護者の責任に帰すことができない事由で欠席した場合などで、校長が出席しなくてもよいと認めた日数」として認めた場合

　これらの子どもたちに対しては、児童生徒が規則正しい生活習慣を身に付け学習を継続するとともに、登校の再開後も見すえ、学校と児童生徒との関係を継続することができるよう、可能な限りの措置をとることが必要です。また、その取扱いについて、保護者の十分な理解と協力を得るように努めることも重要です。このため、地域の感染状況や学校、児童生徒の状況等も踏まえながら、家庭学習と、家庭訪問の実施や電話の活用等を通じた教師による学習指導や学習状況の把握の組合せにより、児童生徒の学習を支援するための必要な措置を講じなければなりません。

登校できない子どもたちへの学びの保証

同居家族に基礎疾患があったら？

　医療的ケアが日常的に必要な児童生徒や、基礎疾患等のある児童生徒について、**事務次官通知に示す内容に従い、登校すべきでないと判断された児童生徒の場合、コロナ禍が終息するまで登校できない可能性は高いです**。また、家族の中に基礎疾患等をもつ方がいた場合、校長が「非常変災等児童生徒又は保護者の責任に帰すことができない事由で欠席した場合などで、校長が出席しなくてもよいと認めた日数」として認める可能性があります。この場合も、先と同様にコロナ禍が終息するまで登校できない可能性があります。

　合理的な理由で登校できない子どもたちはどれほどいるのでしょうか？

　感染すると重症化しやすい基礎疾患の糖尿病が強く疑われる者は1000万人を超えています（厚生労働省　平成 28 年「国民健康・栄養調査」）。同様に心疾患は約 170 万人（厚生労働省　平成 29 年「患者調査概況」）、慢性閉塞性肺疾患（COPD）は約 26 万人（厚生労働省平成 26 年「患者調査概況」、透析を受けている方は約 33 万人（日本透析医学会　「わが国の慢性透析療法の現況（2017 年末)」）、免疫抑制剤や抗がん剤等を用いている方は 50 万人（ガン患者数 151.8 万人「患者調査」による悪性新生物の総患者数（平成 20 年）と抗がん剤使用率 30.1%「ＪＭＤＣレセプトデータベース」（平成 17 ～ 21 年：

がん患者 8,928 人) に基づく推計) です。

　さらに、65 歳以上の人口は日本人の 28.4％を占めています (総務省統計局　令和元年「人口推計」) です。三世代世帯の割合は 11.0％を占めています (平成 30 年版高齢社会白書 (全体版))。こう考えると、合理的理由で登校できない児童生徒は少なくありません。

　以上の**児童生徒の欠席は長期化し、登校できるようになってからの補習で補うことはできません。**

学びの保証をどうするか？

　先に紹介した令和 2 年 4 月 10 日付け初等中等教育局長通知「新型コロナウイルス感染症対策のための臨時休業等に伴い学校に登校できない児童生徒の学習指導について」では、学校が課した家庭学習の実施状況が一定の要件を満たす場合において、特例的に、学校の再開後等に、当該内容を再度学校における対面指導で取り扱わないこととすることができることとしています。具体的には、以下の 3 つを満たす場合です。

① 学校が課した家庭学習の内容が教科等の指導計画に適切に位置付くものであること
② 教師が当該家庭学習における児童生徒の学習状況及び成果を適切に把握することが可能であること
③ 児童生徒に、十分な学習内容の定着が見られ、学校再開後に一律の授業において再度指導する必要がないものと学校長が判断したものであること

　長期欠席の子どもたちのために、学校は早急に上記を満たすオンライン授業を構築しなければなりません。

コロナに対応した現実的な対策をしよう

児童虐待の回避

　コロナ禍において学校はどのような状態でしょうか？

　子どもたちは授業中ずっと座り続け、互いに関わることを禁止され、遅れた時間数を補うために詰め込み学習が行われます。それも真夏の酷暑、真冬の厳冬の中で、換気のため空調が不十分な教室で学び続けるのです。**これは児童虐待ではないでしょうか？**

　校長や行政は決断をしてほしいと思います。もし、学校における感染の危険性が高いと判断するならば、オンライン授業というオプションを子ども・保護者に与えるべきです。どんな手立てを講じても基本的にパチンコ店より三密な環境なのですから。

　学校における感染の危険性は限定的だと判断するならば、マスク・手洗いの徹底の上で、令和元年以前の授業を再開してください。残念ながら、この判断を避けているために、多くの学校で児童虐待が行われているのです。

　自分自身や家族に基礎疾患があったり、高齢者であったりする教員も少なくありません。そのような人たちに対して、労働契約法第5条の安全配慮義務にそって、テレワークの可能性を探るという学校であってほしいと願います。

多様なオプション

　保護者に対して文部科学省の指針に従った感染予防をするが、感染リスクが相対的に高いことを伝えるべきです。その上で、「教室での授業」「家でのオンライン授業」という選択肢を提示します。さらに、家でのオンライン授業を希望するが、何らかの理由でそれが不可能な家庭には、学校の機器を貸し出し、学校のネット環境を利用しながら「学校内（教室以外。たとえば体育館、廊下、空き教室、校庭等）でのオンライン授業」という選択肢を提示します。

　教室の授業はオンライン授業として配信されると同時に、教室内のディスプレイに映され教室の子どもはそれを視聴します。

　基本的に教師は教室で授業しますが、基礎疾患等の理由があれば、別室（または自宅）で行うこともできます。この方法ならば、感染が疑われる場合でも、自宅で授業を続けることも可能です。

　「家でのオンライン授業」「学校内（教室以外）でのオンライン授業」を選ぶ子ども・保護者が一定数いれば、「教室での授業」での三密をかなり緩和できます。

　学校内においては、マスク・手洗いを徹底し、話すときは対面せず同じ方向を向くことを条件に、給食時以外の会話を禁止しません。会話を全面禁止するという子どもが絶対に守れないルールより、守れるルールを徹底するほうが、子どもの健康・生命を守ることにつながります。このルールだったら、休み時間においても子どもが守れる可能性は高いからです。

　仮に再度休校措置が起こっても「教室での授業」というオプションがなくなるだけで、途切れなく移行することができます。

子どもの安全に対する校長の責任は重い

詭弁としての「平等」

　義務教育段階での、何らかの理由で登校できない子どもに対してのオンライン教育は実は可能です。平成 30 年 9 月の「『遠隔教育の推進に向けた施策方針』の策定について」、「小・中学校等における病気療養児に対する同時双方向型授業配信を行った場合の指導要録上の出欠の取扱いについて（通知）」、令和元年 10 月の「不登校児童生徒への支援の在り方について（通知）」を読めば明らかです。

　教育の機会均等を理由にオンライン授業の導入に難色をしめす管理職もいます。しかし、私はその方たちに「では長期病欠児童、不登校児の教育の機会均等を考えたのですか？」とおたずねしたいです。もし、考えたのだったらオンライン授業は以前から視野に入っているはずです。それもせずに教育機会均等を理由にしている方は、失礼ながら詭弁を弄しているのです。**要は何もしない免罪符として教育機会均等を使っているのです。**そうであるか否かは、長期病欠児、不登校児に対して通学時と同等の教育の提供をしているか否かです。していないならば、「学校は教育機会均等をはからなければならないので」という言葉を使ってほしくありません。

教育内容・方法は校長が決められる

　オンライン授業のほうが教室の授業より相対的に安全であるのは自

明です。もし、校長がオンライン授業の併用を決めたとき、外野から
とやかく言われても、教育の内容と方法は第一義的には校長が判断す
ることです。コロナ禍の状況において、「子どもの健康・安全のため
です」と校長が言い切ったとき、それを止められる人はいるでしょう
か？　県知事でも無理です。

　国の中央教育審議会答申「今後の地方教育行政の在り方について」
（平成 10 年9月）において、以下のように述べられています。

　　『教育委員会は、学校の管理権者として、法令の規定に基づき指示・命令を
　　通じて学校における適正な事務処理の確保を図るとともに、教育内容・方
　　法等に関する専門的事項については、主として法律上の強制力のない指導・
　　助言を通じて学校の教育活動を支援する仕組みとなっている。学校が教育
　　委員会の指示・命令に基づいて行った行為については、指示・命令を発した
　　教育委員会が責任を負うべきであるが、**指導・助言については、これを受
　　けてどのような決定を行うかは、校長の主体的判断に委ねられているもの
　　であり、それに伴う責任は第一義的には校長が負うべきものである。**しか
　　しながら、指示・命令と指導・助言の実際の運用に当たっては、教育委員会
　　の担当者等と校長、教員、事務職員等との間でその区別が必ずしも明確
　　にされないまま行われているため、当該指示・命令と指導・助言に基づく行為
　　の責任の所在が不明確になっている場合があり、両者を明確に区別して運
　　用する必要がある。』

教育委員会の権限は限られている

　教育委員会が、当該地方公共団体が処理する教育に関する事務で、
管理し執行するものの一つとして、地方教育行政の組織及び運営に関
する法律の第 21 条第5号には「教育委員会の所管に属する学校の組
織編制、教育課程、学習指導、生徒指導及び職業指導に関すること」
と書かれています。同時に、第 33 条において「教育委員会は、法令
又は条例に違反しない限りにおいて、その所管に属する学校その他の
教育機関の施設、設備、組織編制、教育課程、教材の取扱その他の管
理運営の基本的事項について、必要な教育委員会規則を定めるものと

する」とあります。従って、法または教育委員会規則で定められているものは指示・命令をすることができますが、基本事項でないものには指示・命令ではなく指導・助言をするに留まります。

　教育課程に関しては、学校教育法、同施行令、同施行規則、学習指導要領に関すること、即ち、教科の時間数、単位認定、教科書等に関しては指示・命令はできます。しかし、本書で書いているレベルの教育方法のことは上記の法規に定められておらず、教育委員会規則にも定められていません。だから指示・命令はできないのです。

　それをわかりやすく表現したのが先の答申なのです。

　もちろん、法規をあまり読まない市町村教育委員会レベルだと、それを理解していないで指導権を振りかざすかもしれません。しかし、現状の教室がかなり危ない環境であることは論理的に示すことができます。そして、**穏やかに「子どもの健康・命を守るのが私の職責です」と校長が言い、それを繰り返したとき、それを覆すことができる教育委員会はありません。**なぜなら、本格的に命令を出すためには、法的根拠を示さなければならず、そんなものはないので、その場合には、都道府県教育委員会、文部科学省に問い合わせれば、校長の判断を支持するはずです。

　つまり、教育内容・方法によって引き起こされる組織的な児童虐待ともいうべき事態、感染拡大の責任は、文部科学省、都道府県教育委員会、市町村教育委員会の責任ではなく、**校長の責任なのです。**

第2章

オンライン授業を
やってみよう!

オンライン授業で
広がる教育の可能性

オンライン授業は簡単です

　オンライン授業はものすごく簡単です。本書の半分ぐらい読み進めば、すぐにできることが多いことがわかります。そして読み終われば、**オンライン授業が単なるコロナ対策に留まらないことがわかると思います。**

　確かにオンライン授業のためのツールは、使ったことのない人にはハードルが高いかもしれません。ご安心ください。本書では、まったくの初心者が戸惑うところを懇切丁寧に説明します。おそらくかゆいところに手が届くような思いになるでしょう。理由は至極簡単です。執筆者一同が最初はオンライン授業に関してまったくの初心者でした。しかし、必要に駆られて使い始めたら、数日で使いこなせるようになり、1週間で可能性が広がったのです。おそらく子どもだったら1日で使えるようになります。

　本書では朝の会、帰りの会をオンラインで実現する方法を最初に紹介しています。準備も不用で、すぐできます。次にオンライン授業のやり方を紹介しています。今までに使っていた教材・板書計画があれば、それを使ってすぐにできます。授業中にグループでの話し合い活動もできます。最後に自習室を紹介しています。子ども同士が自由に相談し合い、助け合う場を実現します

　繰り返します。実際に使い始めたら、笑ってしまうほど簡単に、い

ろいろなことを実現できます。そして、我々が気づかなかった可能性を、皆さんと子どもが見いだすでしょう。

同期と非同期のバランスを考える

本書では Zoom により教師と子どもたち、子ども同士がつながって学び合う時間をつくる方法をお伝えします。具体的にどんなことができるのかをご紹介します。

オンラインで直接つながりあって、その場で話し合ったり、やりとりをするのは同期的な使い方である一方、たとえば学習用の動画を見たり、ネット上の資料を読んだりすること、あるいは自分で解いた問題や、書いたレポートなどの課題を提出するためにオンラインを使うというのは非同期的な使い方になります。

本書で伝える Zoom によるつながり方は同期的なつながり方になりますが、ビジネスマンの間でも「ビデオ会議が続くと疲れる」という声が聞かれるように、オンラインでつながる時間をどのくらい設けるのかについては、子どもたちの意見を聞いたり様子を見たりしながら進めることが大事です。実際、オンラインでつながりあう授業を始めている先生たち、子どもたちから、「何時間もやり続けるのはきつい」という声が上がってきています。

リアルに子ども同士がつながりあう場がつくれない状況に陥ったときに、オンラインでつながれる状況を整備しておくことはいま非常に喫緊の課題ですが、**実際にオンラインの場をつくるにあたっては、同期と非同期の使い方のバランスを考える必要があるでしょう。**

ただ、非同期だけのやりとりで、一切、オンタイムにつながりあう場がないと、子どもたちの学びへのモチベーションの維持は非常に難しいものになります。オンタイムにつながりあい、学び合う場を確保することが、非同期の時間の学びも豊かにすることにつながるのです。

（西川　純）

Zoomで朝の会が カンタンにできる！

Zoomなら朝の会がカンタンにできる

　子どもの様子を知るために電話をかけた方もおられるでしょう。しかし、一回でつながるとは限りません。何度もかけ直したら、それだけでひとつのクラスで半日かかります。しかも学校中に電話が２、３台しかないという学校が多いので、確認できるのは１日に１クラスか２クラス程度になってしまうこともあるでしょう。ましてや先生が家

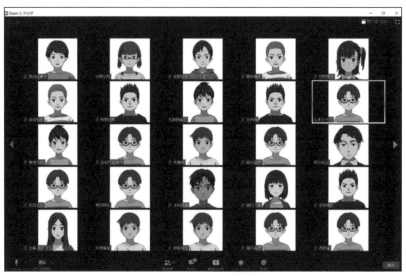

Zoom ならこんなふうに全員の顔が見える！

庭訪問をしたならばもっと膨大な時間がかかってしまいます。

　オンラインで朝の会を開けば、子どもたちの顔を一遍に見ることができます（イラストで代用しました）。健康観察もできますし、また、「何か困っている人はいませんか？」というように尋ねることもできます。

子どもたちはつながりたがっている

　実際に Zoom で朝の会を始めている全国の学校では、クラスの子どもたちと教師がつながりあって、一人ひとりの子どもに近況を話してもらったり、一緒にゲーム的な遊びをしたりなど、クラスづくりにつながるようなやりとりが生まれています。

　休校解除後の学校では、学年ごとの分散登校が続いたり、クラスの子どもを半数ずつに分けて、別の教室で過ごしたり、話をさせないようにするなど、子どものストレスが溜まるような過ごし方になっています。子ども同士がクラスのまとまりとして過ごせる時間を保証できません。そういうなかで、**補完的に Zoom を使ってクラスの集まりができる状況を整備しておくことで、クラスの子ども同士のつながりを維持したり、また、いざ学校がまた休校になったりしたときの連絡手段が確保できたりします。**

Zoomを使って楽しむ会をやってみよう！

　朝の会を子どもたちが楽しむ会にすることもできます。たとえば、子どもたちが順番にクイズを出すのです。誰もわからなかったら、ヒントを出すのです。また、エンピツをどれだけ長く人差し指の上で立たせられるかの競争もできます。「しりとり」もできるでしょう。世の中にはそのような遊びがいっぱいあります。クラス全員が多すぎたらグループに分けて行うことも Zoom の機能でできるのです。

（西川　純）

Zoomを使って実技の授業ができる！

からだを動かす時間をつくる

　Zoom で朝の会や、子どもと楽しむ時間がもてるようになれば、次に体育や図工や家庭科など、比較的子どもが楽しめる実技系の授業で、授業の時間をもつことを試してみることもできます。

　いきなりオンラインで国語や算数を始めることにためらいを感じるのであれば、Zoom で子どもたちと一緒に、こういう実技系の授業に取り組んでみてから、座学系の科目にも取り組んでみるとよいでしょう。

　たとえば、いま、家庭では子どもがゲームや YouTube 三昧になってしまい、からだを動かす時間をつくれないことを心配する保護者もたくさんいます。そのため、一緒にからだを動かす時間をつくったり、先生が FitBoxing のトレーナー役をやったりするなど、からだを使ったアトラクションの時間をつくることで、子どもも楽しめて、保護者からも喜ばれる「体育の時間」をつくることが可能です。

　たとえば、全員で朝の体操をやることなど、いろいろなことができます。**水泳、鉄棒のように失敗すると重篤な危険がある競技、また、サッカーやバレーのような団体競技を除外するならば体育の授業も可能です。**先に述べたように、Zoom を使えばグループに分かれて練習することもできます。

図工・家庭科・書写・音楽

　図工・家庭科・書写・音楽の授業を思い出してください。その多く
は一人ひとりが課題達成に向かっている時間です。一人ひとりが絵を
描いて、自分の工夫を周りの子どもに伝えます。裁縫の難しいとこ
ろを教師がチェックしたり、友だちからアドバイスを受けたりしま
す。それは書写も同様です。リコーダーの演奏を友だち同士で練習し、
チェックし合います。

　以上のことは Zoom の機能の中で何の問題もなくできます。いや、
Zoom のほうが望ましい場合もあります。思い浮かべてください。
音楽室でリコーダーの練習をしたら、周りの音が邪魔して正確に音を
聞き取ることはできません。また、自分のペースで練習することがで
きません。ところが **Zoom を使えば、あたかも個室が用意されたよ
うに他の人の練習の音は流れません。**その個室で、４人グループで互
いの演奏を聴き合い、アドバイスすることができるのです。そして、
教師は各グループの様子を見回り、アドバイスすることができるので
す。

協働することが関係をつくる

　都道府県教育センターで研修を受けているとします。その中で見知
らぬ先生とグループに分けられたとします。そこで、「さあ、グルー
プで楽しいゲームをしましょう」と担当指導主事から求められるのと、
「勤務校の課題を互いに説明し、中堅教員（もしくは初任者）としての
役割は何かを話し合ってください」と担当指導主事から求められるの
とどちらがよいですか？　おそらく、後者だと思います。

　**ゲーム性の高いものは、既に関係ができたもの同士は入りやすいの
ですが、関係ができてないもの同士は入りづらいものがあります。**上
記のアドバイスを受けたり与えたりすることが関係をつくるのです。

（西川　純）

Zoomを使って勉強のモチベーションアップができる!

やる子とやらない子

　教室での勉強の場合、教師がその場にいます。怠けている子どもがいれば注意できます。そもそも、教師の手前、あからさまに怠けることはできません。ところが家庭学習の場合、一人ひとりのやる気が家庭での課題達成にダイレクトに効いてきます。それゆえに多くの先生方はオンライン授業に不安を持っています。しかしオンライン授業でもやる気を起こさせる手立てはあります。

Study With me

　Study With me という動画をご存じでしょうか?　自分の仕事や勉強している様子をそのまま記録し、ネット上にアップした動画なのです。「Study With me」で検索すれば多種多様な動画がアップされていることがわかると思います。**この動画をアップした人も、それを視聴している人もやる気がアップするのです。**

　キョトンとされた方もおられるでしょう。しかし、受験勉強の時に図書館で勉強された方は少なくないと思います。なぜ、自宅ではなく図書館に行くのでしょうか?　そこに受験生がいて勉強しているからです。それを見ていると「自分もやらねば」と思い始めます。その人が勉強しているのを見ている他の人が「自分もやらねば」と思い始めるのです。

見られている

　今年度の大学の授業はリアルタイムのオンライン授業です。授業をして感じるのは、学生が真面目なのです。もちろん、以前から大多数の学生は真面目でした。しかし、少数ながら「おいおい」と言いたくなる学生もいました。ところが、それがないのです。考えてみたらわかりました。

　後述しますが Zoom にはギャラリービューというモードがあります。そのモードだと画面は以下のように見えるのです。

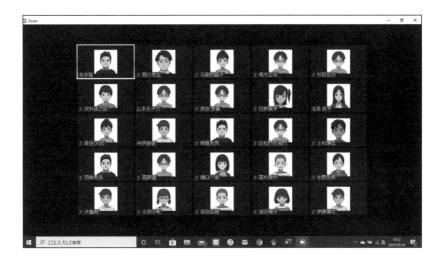

　対面型授業の場合、学生は教師から見られていることは意識しますが、同級生からは見られていません。ところが、上記の状態では、**嫌でも見られていることを意識するのです**。実際にオンライン授業をして気づいたことです。子どもからオンライン授業は疲れると言われることもありますが、こんなところに理由があるかもしれません。

（西川　純）

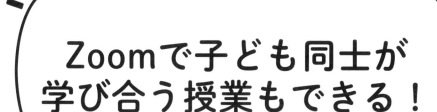

Zoomで子ども同士が
学び合う授業もできる！

授業での画面

　授業のために動画を作成し、アップしている方もおられるでしょう。慣れないことですから大変だと思います。しかし、オンライン授業ならは付加的な準備は不用です。

　授業の最初の画面は以下のように教師がアップになった画面（後述するスピーカービュー）にすることができます。

課題の出し方、解かせ方

　先に示した状態でいつも通りに授業を進めてください。授業用の Word、一太郎、Power Point のファイルがある方でしたら、それを以下のように生徒の画面に映すこともできます。

$$256÷2=\qquad 468÷9=\qquad 1757÷7=$$

　そして、それを読ませながら授業を進めることができるのです。

　現在、質の高い授業動画が無料で公開されています。それを使用しながら授業を進めることもできます。

　ホワイトボードに書くようにその場で子どもたちに読ませたい文章を書くことも可能です。逆に、子どもを指名して、ホワイトボードに問題を解かせることもできるのです。

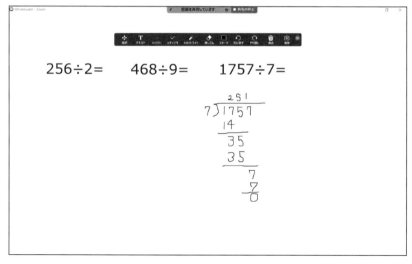

（西川　純）

オンラインで本当に子ども同士で学び合えるの？

Zoomなら子どもたちがオンラインでグループになって学び合える

　Zoom では子どもたちをグループに分けて話し合わせ、話し合ったことを全体で発表することも可能です。

　さらに、固定的なグループではなく、子どもが主体的に話す相手を決めて自由に移動することも可能なのです。

　つまり、現状の授業でやっていることを、感染の危険性ゼロで実現することができます。子ども同士が関わらないようにした授業と比べたとき、どちらがよいでしょうか？

　コロナ禍が沈静化し、休校解除になった学校も、いつ第二波、第三波がくるかもしれません。令和 2 年 4 月からの混乱を繰り返してはいけません。**危機管理は常に最悪を想定し、備えなければなりません。二度と子ども・保護者を不安にしてはなりません。**

Zoomならオンラインの自習室がつくれる！

　いま、多くの学校で、子ども一人ひとりがプリント学習をしたり、あるいはオンラインのドリルに取り組んだりということが課題として課せられていることと思います。

　これについて多くの家庭から、「保護者が全部見るなんて、そんなの無理」「たった 15 分でも集中力が続かない」「やっぱり友だちと一

緒なら勉強しなきゃと思うかもしれないけれども、一人だと無理」という声が寄せられています。

　保護者はいま「学校がやるべき仕事を保護者に丸投げされた」と感じている状況だということです。いまは共働き家庭も増え、家でリモートワークをしながらきょうだい児の学校からの課題を教えなければならないという状況に、とても対応できないと考える家庭も少なくないでしょう。

広がる可能性

　最初に書いたように、不登校児や病気療養児に対してのオンライン授業ができることは既に決まっています。しかし、実際のところ進んでいません。理由はオンライン授業が難しいことだと思われているからです。しかし、本書を通して、それが誤解であるとわかれば、すぐに不登校児や病気療養児に学びの場を提供することができます。

　小中連携、幼小連携を進めたいと思っている方もおられるでしょう。しかし、同じ市町村の学校だとしても、移動の時間があります。結局、半日単位の計画になり、イベント的にしか実現できません。しかしオンライン授業を利用すれば、移動の時間や手段を考えなくても時間割の調整をすればいいだけです。たとえば、定常的に火曜日の１限は連携授業にするというようなことも可能です。

　さらに、あなたの大学の友人が遠方の学校にお勤めだったら、その学校のクラスと定常的につなぐことも可能です。総合的な学習の時間、理科や社会の時間で活用することもできます。

　書き出したらキリがありません。**オンライン授業は物理的距離を一気に超える「マジックツール」になり得るのです。**

（西川　純）

Zoomを全校・全クラスに導入
子どもたちと先生の笑顔

埼玉県公立小学校教諭　山内すみれ

臨時休業の延長

　入学式と始業式が直前で延期となり、4月末までの臨時休業が決まりました。首都圏の新型ウイルス感染者数も収まる気配がなく、臨時休業の延長を想定して備える必要性を感じました。

　企業では在宅ワークが推奨され、学校でもオンライン導入の流れになるだろうと考え情報収集に努めました。文部科学省からも4月21日と23日の事務連絡の中で、ICTの活用の推奨について強調されました。

　市内では先進的な取り組みをしている学校があり、4月の段階ですでにZoomでのオンライン朝の会が行われていました。勤務校では他校の事例や文科省の動きについて話題にし意識を向けてもらえるよう心がけました。

　4月末、臨時休業期間の延長が決まり、市教委からもZoomの活用について通知が出されました。学校のメールアドレスですぐにアカウントを取り、市教育センターとの接続テストを行いました。

　学校としてもオンライン学活の実施が決まり、実施に向けての環境整備や研修計画を立て始めました。

オンライン学活実施に向けて

（1）福岡小のZoom朝の会を参観

　GW直後に、福岡教育大学附属福岡小学校で取り組んでいるオン

ライン朝の会をリアルタイムで参観できると知り、すぐに申し込みました。

　全国からたくさんの参観者があり、質疑応答の時間も設定されていました。ここでのやり取りはとても参考になりました。

　管理職の許可を得て別の日に再度申し込み、職員室で大型モニターに映して参観しました。Zoom は知ってるけれども使ったことがないという先生方が大半でしたが、実際に先生が話している様子や子どもたちの動き・表情を見て、具体的なイメージを共有できました。

　参観後には福岡小で作成した保護者宛のお知らせや校内研修で使用した資料、Zoom の設定方法など、たくさんの貴重な資料を提供して頂きました。市内の実践校の資料も頂くことができ、実施に向けて急ピッチで進めることができました。

　スケジュールは以下の通りです。
5/14 職員室で福岡小の Zoom 朝の会を参観
5/15 家庭へのメール連絡
5/16・18 家庭から Zoom の接続テスト
5/18 職員研修
5/20 オンライン学活 (高学年) 4クラス
5/21 オンライン学活 (中学年) 4クラス
5/22 オンライン学活 (低学年、特別支援学級) 5クラス

（2）家庭から Zoom の接続テスト

　5/16・18 の2日間でそれぞれ2時間ずつ、家庭からの接続テストの時間を設けました (希望者のみ)。入室してきた児童または保護者に声をかけて、映像、音声、名前の変更の3つを確認して頂きました。使用している端末や回線によって接続状態が不安定な場合もありましたが、何度かトライして頂き概ね接続の確認ができました。

　家庭からの接続テストは教頭先生と私 (教務主任) で対応しましたが、職員室にいる先生方にも声をかけ、顔を出してもらいました。

久しぶりに友だちの顔が見られて喜ぶ姿もたくさんありましたが、担任の先生が画面に登場すると「わあ！先生だ〜！」とひときわ顔が輝きます。先生方も子どもたちの顔を見て言葉を交わすと自然と笑顔になり、嬉しそうでした。

（3）職員研修
5/18の職員研修では、学校のタブレット端末を使って簡単に操作説明をした後、交代でホスト役の体験を行いました。この時は、市内の学校で作成されたパワーポイント資料や実際の様子を録画したものを活用させて頂きました。

研修を行う際に強調したのは、操作をすべて覚えることが一番の目的ではなく、先生方には児童とのコミュニケーションに注力して頂きたいということでした。操作面はサポートするので安心して取り組んで頂きたいとお伝えしました。

（4）実施時間の設定
他校ではオンライン朝の会として実施している事例が多かったですが、本校は預かり児童の見守りがあるため、午後の時間に設定することになりました。入室、退室、クラス入れ替えの時間を含めて以下のような30分ずつの区切りにしました。

14：00〜14：05　1クラス目　入室（5分）
14：05〜14：20　オンライン学活（15分）
14：20〜14：30　退室、次のクラスの準備（10分）

初めてのオンライン学活を終えて（実践の手応えや子どもの反応）

福岡小のオンライン学活を参観させて頂いた時に印象的だったのは、児童が入室し始めた瞬間の担任の先生の笑顔でした。その場面を見て、先生と子どもたちがコミュニケーションを取れる機会を持つこ

と、まずはこれが大事なんだと感じました。

　また、テスト接続の際の子どもたちと先生方のやり取りや表情からも、今の状況でオンラインでつながる場を持つ必要性を確信しました。

　そこから、本校での実施においては先生方が操作に関して不安のない環境をつくり、児童とのコミュニケーションに力を注いで頂くという私の中での方針が立ちました。

　オンライン学活を提案した時には前向きな気持ちになれない様子も少し感じましたが、どの先生も一生懸命に考えて準備し、当日を迎えることができました。

　そして、終わった後は「達成感！」「楽しかった」「またやりたいね」「次はどうしようかな」「もうちょっとこれ（カード等）、形を変えた方が良さそう」「みんなで使えるものは共有しよう」などの声があがっていました。

　この気持ちが子どもたちや保護者にもきっと伝わっているのではないかと想像します。実施後に保護者と電話で話した先生からは、「本人も保護者も楽しかったと言っていました」という話をいくつか聞くことができました。

　特別支援学級のオンライン学活で印象的だったのは、ある子が学校での様子よりも積極的に参加していたことでした。担任の先生とも初対面だったのに、ジェスチャーで合図をしたり質問に答えたりしていたので驚きました。

　パソコンが得意だったり、自宅でリラックスした状態で安心して参加できたことがよかったのかも知れません。このように、新たな一面や新たな関係性が生まれるきっかけにもなりうる可能性を感じました。

　5月の最終週から登校日が始まりましたが、それまでに各クラスでもう1回ずつオンライン学活を実施しました。

　登校日までに2回のオンライン学活が実施できたことで、子どもたちの不安が少しでも軽くなったり、希望や期待を持って学校に来られることにつながったように感じています。

実践事例

Zoomで朝の会と
オンライン自習室を実施！

大阪府太子町立中学校教諭　吉村元貴・畑洋介・住山正樹

大阪府太子町立中学校の取り組み

2020年5月現在、各クラス7割以上の生徒が集まり、教師とクラスメイトとの交流を目的とした朝の会をほぼ毎日行っています。

緊急事態宣言で何もできないのか

緊急事態宣言下のある日、昼食時に緊急事態宣言で登校や家庭訪問に制限がかかる中、生徒の「学習保障」と「心のケア」にネットを使えないかということが話題になりました。その後、校務分掌や教科、学年を超えて、昼食がさまざまな教師の意見を出し合う場となりました。

できない理由より、できる可能性

ネットを使えない生徒にはどうするのか？　平等ではないのではないか？……できない理由を探すとたくさん出てきて、不安な気持ちでいました。しかし、4月21日文部科学省からの通知をきっかけに私たちはできない理由よりも、できる可能性を考えるように変わりました。

学校長にオンラインでの取り組みについて相談すると、快く話を聞いてくださり、提案を具体化し、進めるようにと言われました。また、教育委員会からの協力も素早く取り付けてくださり、バックアップしてもらえる体制が生まれました。

それぞれの得意を生かし、職員一丸に！

　生徒同士が顔を見て言葉を交わす場所をオンライン上につくりたいとの想いを実現するために、Zoom を用いて朝の会を行う計画が生まれました。

　教頭が中心となり、学校から保護者へのメールによる連絡手段を確保するために、メール通知サービス 100％登録を目指しました。そしてネット環境調査を行うと、ネット環境が整っていない生徒に関しては十分学校のタブレットやパソコンでフォローできることがわかりました。

　また、学校全体での Zoom 研修も活発になりました。まず、首席が中心となり、少数の教師で近隣の私立高校での Zoom 授業の見学に行きました。コンピューターに詳しい教師が生徒、保護者向けのマニュアルを作成し、学校全体で Zoom の研修を重ねていきました。

　実際に使うと抵抗感が下がった様子で、学年でそれぞれ個性にあった Zoom の活用方法の検討を重ねながらスモールステップで確実に進みました。

生徒のほうができる！

　Zoom 朝の会初日、次々と参加する生徒に、教師の不安は安心に変わりました。結果的に 7 割以上の生徒が集まり、顔を見て会話し、生徒の顔にも自然と笑顔が生まれていました。3 年生は塾等ですでに使っており、慣れた様子でした。朝の会は各クラス 30 分あり、徐々にできることを増やし、生徒同士が教え合う自習室を開設しました。

　「教師が教える」より「生徒が学ぶ」という考えのもと、既存の学習動画やブレイクアウトルームを活用することでオンライン授業のイメージを持つことができ、3 年生では補修学習を行うようになりました。

　今後、感染症の流行、不登校生、病欠生への対応、保護者懇談などさまざまな場面での有効なツールとして検討を進める予定です。

子どもたちをつなぐ Zoomオンライン学活

静岡大学教育学部附属静岡中学校教諭　菊野慎太郎

電話だと健康観察だけで１クラス３時間

　入学・進級してから生徒たちが登校したのは、たったの４日間でした。教員にもテレワークが要請され、"teams"を活用して会議を開くなど少しずつですが、オンライン化が進みました。オンライン会議でも十分に議論することができた感触から「teamsなどを使って授業をやれないだろうか」という声が教員側からあがり、何ができるだろうかと有志で勉強会を開くなど模索してきました。当初は子どもと話す時間が欲しいという思いが強く、まず電話連絡で健康状況や課題の進捗の確認を行いました。全員への電話に３時間以上かかってました。

Zoomを使った短学活のスタート

　模索の日々の中「まずできることから取り組もう」とネット環境状況調査を全家庭に行いました。調査では予想通り全家庭にオンライン学活ができる環境は整備されていませんでした。しかし、デジタル機器のない家庭は後ほど電話連絡をすることでサポートし、Zoom短学活をやってみようということが全教員で確認されました。

　まずは各学年１クラスを抽出し、全教員でZoomの使い方や学活の進め方を確認しました。実際に学活をやってみると子どもたちの中にも経験者がおり、逆に機能や操作を教えてくれることもありました。翌日から学年ごと順番に３年生、２年生、１年生と時間差をつけ

てZoom朝の会を行いました。(各学年30分、1学級36名)

　初日は、ネット環境やZoom機能などの確認をしましたが、接続の確認だけで15分程度かかりました。Zoomに慣れている子どもに聞きながら進めている学級もありました。2日目はチャット機能を使ったコミュニケーション、3日目はブレイクアウトルームを、4日目にはホワイトボード機能など、できる機能も少しずつ増えていきました。学活が終わると全教員で成果と課題を共有し、明日は何ができるだろうかを考え、30分という時間の中で、さまざまな機能を使ってできる話し合いを模索しました。話し合う議題は各学年学級さまざまで、1年生は自己紹介中心の内容、2年生は学校が再開したらできることなど学校生活を意識した内容、3年生は学級目標について考えるなど学級づくりを意識した内容もありました。短学活が終わった後に、学級担任と代表生徒がZoomで話しながら毎日の議題を考えている姿も見られました。

学校再開後の子どもの笑顔

　オンラインで短い時間であっても毎日コミュニケーションできたことは、安心した学校再開につながったと思います。一対一の電話では、「せっかく友だちづくりしようとしていたのに休校になって残念」などを口にする子どもが多くいました。しかし、Zoomを使って複数人で毎日時間を共有できたことで、登校した際も「久しぶりの感じがしない」「この前のZoomで話したコトなんだけどさ」などと共通の話題で盛り上がっていました。

　再開後、子どもたちの中から「Zoomを使って全校集会をしたい」など日常生活場面でもオンライン化の動きがでてきています。

　子どもたちは今回の休校の影響で、「できない」という考えでなく、このような状況だからこそ「できる」ことに目を向けて考え、行動しようとしています。そのような子どもたちとともに、これからも学校づくりを進めていきたいです。

子ども同士の交流をすすめた
「みんなに紹介したいもの！」

埼玉県公立小学校教諭　山内すみれ

子どもたちの交流の場をつくりたい

子どもたちとオンラインで交流できる場をつくるための、P32 〜 35 でご紹介したように Zoom のオンライン学活を準備しました。

　実際に実施した日、児童が入室した際には、開始時刻まで Zoom の画面共有で次の内容を表示しました。

1．マイクはミュートのままにしておく。

2．ビデオはオンにして自分の顔を映す。（希望によりオフも可）

3．名前が端末名になっている場合は自分の名前にする。

※オンライン学活の様子は録音・録画・写真撮影禁止。

　また、開始時刻の 2 〜 3 分前から、画面共有を解除して先生のビデオと音声をオンにして次のことを行いました。

1．入室児童の確認（映像、音声、名前の確認）：先生から一人ひとりに手を振りながら声をかけて、聞こえていたら手を振り返してもらいました。自分の名前を呼んでもらうことによって笑顔になり安心感が生まれます。

2．合図（ジェスチャー）の確認：丸をつくる、手を振る、手を挙げる、拍手するなどのジェスチャーでコミュニケーションを取るようにしました。

　また、入室を待っている時や終わりのあいさつの時にジャンケンをして、雰囲気をほぐしたり、時間の調整をすることもありました。

「みんなに紹介したいもの！」が交流に役立つ

　内容は、①はじめのあいさつ、②健康観察、③先生の自己紹介やクイズ、④みんなに紹介したいもの（宝物、兄弟、ペット、おもちゃ等）、⑤課題で困っていること、⑥おわりのあいさつ、を行いました。

　とりわけ、子ども同士の交流に役立ったと思ったのは「みんなに紹介したいもの！」でした。その場で１分時間を取って用意してもらい、みんなに自分が紹介したいものを見せるというものです。一人ひとりに声をかけながら、数人ピックアップして話を聞いたりしました。

　子ども同士の一人ひとりの個性が出てきて、お互いがどんな様子かわかったり、話が盛り上がったりと、貴重な時間となりました。オンラインの朝の会や、オンライン学活などでたびたび行いたい、よいメニューだと思いました。

　また、特別支援学級では少人数での良さを生かして、一人ひとりの自己紹介をしていました。名前と好きな食べ物を話し、後でそれを「○○が好きなのは誰でしょう」とクイズにしていました。

実施を終えて　（実践の手応えや子どもの反応）

　気付いたこととして、次々進めずに、一人ひとりの話や終わりの合図として「ありがとう」と言うと気持ちが落ち着くように思いました。

　また、困っていることを言える場を持つことの大切さを感じました。ちょっと困っていることがあってもすぐに電話で問い合わせることは少ないのだと分かりました。

　これらはオンライン特有のものではなく、普段の学校や教室でも共通することです。今後も状況に応じオンラインも活用しながら、子どもたちが安心して学習し、日々を過ごせるよう対応していきたいです。

子ども同士のつながりを生む オンライン授業

福岡県公立小学校教諭　西村俊介

「子どものためにできることから」を合言葉に

　2月末に急遽発表された休校措置。職員全体で共有したことは、子どものために、オンラインも含めてできることからやっていこうということでした。私自身、オンラインでの学びについて当初は不安でした。慣れない機器の操作やセキュリティ対策、子どもたちとの関係や子どもの学びをどのようにつくっていくのかという不安です。しかし、Zoom を使った朝の会から始め、さらには Google Classroom も導入してオンライン授業を本格的に実施し、その可能性がみえてきました。

オンラインでの学び合いの可能性

　本校では、次の図に示すように、午前が Zoom を使ったライブでの授業、そして午後が Google Classroom を使った個別学習というように仕組みを整えました。Zoom を使ったライブ授業は1コマ30分で、子ども同士の学び合いも重視しました。Zoom のブレイクアウトルームという、参加者が個別のグループに分かれて話し合いができる機能も適宜取り入れながら、子どもと教師、子ども同士の気持ちも含めた交流を大事にして進めるようにしました。一方でライブ授業に参加できない子どもには、Google Classroom に授業の資料等を配信し、フォローも忘れずに行いました。

　では、どのように子ども同士の学び合いの場をライブ授業で設定し

たのか、ある日の算数授業を例に紹介
します。

　6年生「対称な図形」の学習です。
前日には、簡単な図形を基に「線対称」
や「点対称」の概念を学習していまし
た。その日の午後、ある子どもから
Google Classroom に「点対称の見
つけ方が分かりません。何かコツはあ
りますか？」といった質問がありまし

た。もちろんオンラインのよさを生かして即座に私から説明を返信す
ることもできます。しかし、そうはしませんでした。そして、次の日
のライブ授業の最初に、次のように問いかけました。

　「昨日、こんな質問があったのだけれども、みんなならどのように
教えますか。ブレイクアウトセッション（Zoom のブレイクアウト
ルームの機能を使ったグループに分かれた話し合い）で説明し合って
みて」。

　すると、グループに分かれた子ども同士の話し合いの中で、子ども
たちなりの言葉で次々と「コツ」が生まれました。「実際に 180°動か
してみる」というものもあれば、「対称の中心からの距離を考えると
いいよ」といった次の内容につながる説明まで出てきて、改めて子ど
もたちの有能さを感じると共に、オンライン授業における学び合いの
可能性を見いだすことができたのです。

オンラインとオフラインのハイブリッドを目指して

　実践を通して、オンライン授業でも大切なことは、やはり「子どもた
ちは有能である」という子ども観であり、教師はさまざまなチャレンジ
の場を用意することであると思います。オンライン授業をする中でみ
えてきた ICT の可能性と、学校という場での人間的な学び。その両面
を生かした「ハイブリッドな授業」を追究していきたいと思います。

世界中の教育現場で使われているZoom

Zoomの特徴

　Web会議システムとして本書ではZoomを使います。理由はいくつかあります。

　Zoomがターゲットにしている業界はさまざまありますが、そのうちの一つが教育業界です。スタンフォード大学やサンフランシスコ大学をはじめとする世界中の学校で、Zoomは使われています。Zoomの公式発表（令和2年6月段階）によると、アメリカのトップ大学の96％を含む17,000以上の教育機関がZoomを利用しています。Zoomがこれほど多くの教育現場で使われている理由は何でしょうか。**それは、生徒と教員がコミュニケーションしやすいように、Zoomが設計・開発されているからです。**（ICTのCはCommunicationのCなのです！）

　たとえば、Zoomにはパソコンやタブレット、スマートフォンの専用アプリが用意されています。Webブラウザからでもミーティングに参加できます。ミーティング中の映像が乱れることもほとんどありませんし、音声については初期設定でノイズキャンセリング機能が付いています。端末の画面も簡単に共有できますし、ホワイトボードや投票機能も最初から付いています。

　また、教師さえアカウントをもっていれば、アカウントをもたない児童生徒が、教師の用意したURLをクリックするだけでビデオ会議

に参加できます。

ブレイクアウトルーム

　Zoom の機能の極め付けはブレイクアウトルーム機能です。これによりオンライン授業でもスムーズにグループワークが可能になります。Zoom によりほぼ日常の学校生活がオンラインで可能となります。

　ビデオ会議システムは多数あります。確かに Microsoft Teams や Google Meet でも、先生が工夫をすることでグループワークは行えます。具体的には、事前にグループワーク用のオンラインミーティングルームをグループ分だけ用意しておき、グループワークの時間になったらそちらに移動させるのです。しかし、グループワーク中の生徒全員にメッセージを送ったり、グループ間を先生・生徒が自由に移動できたり、さらにはグループワーク終了後すみやかに全員を集めたりすることは、Zoom でないと難しいでしょう。ブレイクアウトルーム機能がソフトウェアの中に組み込まれている Zoom では、全体授業とグループワークを途切れなく移行できることが強みです。

　今後 Microsoft Teams や Google Meet にブレイクアウトルーム機能が実装される可能性はありますが、現時点では Zoom に一日の長があるでしょう。

　このように、現時点（令和 2 年 6 月）での使い勝手は、Zoom が勝っています。だからこそ世界中で使われています。ただ、I T 業界の盛衰は激しいので、ほかの企業のサービスが大幅に改善されることもあるでしょう。

　本書では Zoom によるさまざまなクラスの場づくりや、授業のしかた、子どものモチベーションが維持できる自習時間の持ち方などをお伝えしますが、それはほかのサービスでも代替できるようになってくれば、同じ考え方でツールを使えばよいでしょう。

Zoomのセキュリティは大丈夫なの？

　「Zoom のセキュリティ問題が新聞に出ていたよ」「Zoom はセキュリティが弱いからダメ」という校長や教育委員会があるかもしれません。たしかに Zoom のセキュリティの問題はニュースになりました。しかし、Zoom は即座にセキュリティの確保の対応をしています。

　事実、Zoom は 2020 年４月に「90 日間のセキュリティ計画」を発表し、開発リソースをセキュリティとプライバシー保護の向上に集中させると宣言しました。Zoom のセキュリティに関する最新の取り組みは、公式ブログ (https://blog.zoom.us/ja/) から確認することができます。Zoom は「90 日間のセキュリティ計画」終了後も、セキュリティやプライバシーの強化に取り組んでいくと述べています。

　今後もセキュリティ確保に対応を続けていくでしょう。

　絶対に大丈夫か？　と言われる方もおられるでしょう。しかし、ネットの世界で絶対は絶対にあり得ません。いつまでも続く悪意あるハッカーとのイタチごっこです。その点で言えば、Zoom には後発のサービスに比べて一日の長があります。ユーザー数の少ないサービスに比べてマンパワーがあります。相対的に安全だと思います。**たとえば、Zoom で起こる問題に対しては、ユーザー側からでもできる対処法が確立されつつあります。**実際の教育現場の事例も多いので、これらのネットの情報を活用して危険性を低くすることは可能です。

　日本国内で教育に特化したサービスを構築する動きがありますが、明らかに間に合いません。日本の教育に特化したサービスならば、もしかしたら悪意あるハッカーに狙われないかもしれません。しかし、動作不全が頻発する危険性があります。Zoom の場合は既に修正されています。何といっても世界中で使われているツールです。すでにいくつもの自治体や学校で Zoom を利用し始めており、ネットにも情報として出ているので、例を挙げて話をしてみてもよいでしょう。

　次章からは、その設定と使い方をご紹介しましょう。　（福原将之）

第3章

オンライン授業を
はじめるために

〜Zoom を
使い始めてみよう〜

Zoomの有料版と無料版の違い

時間制限の撤廃

　有料版と無料版の決定的な違いは、３人以上が会うために使う場合に 40 分という制限がかかる点です。無料版でも１対１の２人が使う場合には時間制限がありません。従って、離れて住んでいる親族や友人、仕事相手と使う場合には問題ないのですが、クラスの子どもたちとつながる場合は有料版にする必要があります。

　小学校の場合、40 分でもギリギリ大丈夫のように思われる方もおられると思います。しかし、子どもがミーティングに参加するのはバラバラで授業前に最低でも５分ぐらい前から立ち上げる必要があります。従って、**有料版は必須です**。

ブレイクアウトルーム・共同ホスト機能

　後述しますが、Zoom のブレイクアウトルーム機能を利用すれば、子ども同士が話し合う場面を設定することができます。さらに共同ホスト機能を使えば、子どもたちが主体的に話し合う相手を選ぶことができます。**これによって話し合い活動をほぼ完全に実現できます**。この２つの機能は有料版でしか使えません。

　子ども同士が主体的に互いに関わる使い方では、この機能を使うかどうかは決定的な意味を持ちます。

レコーディング

　Zoom はミーティングを記録する機能があります。授業の様子を記録した動画をクラスの子がいつでも見られるようにすれば、リアルタイムに参加できなかった子や、リアルな通信が不安定な子が、後からその動画で学ぶこともできます。Zoom の有料版ではその動画保存を教師のパソコンでも、クラウド上でもできます（ただしクラウドの容量は少ないです）。

使い倒しましょう

　テレビでオンライン飲み会が放送されているのを見たことがあるのではないでしょうか？　「なんだ？」と思われる方もおられるでしょう。しかし、テレワークが進む現在、あなたが「オンライン飲み会」しようと提案したら、乗る人も多くなっています。本書を読み進めば、今まで困難だった全員参加の同窓会や、遠方の人を招いての自主研修会も容易にできることに気づくでしょう。**ぜひ、プライベートでも使い倒してください。有料版は十分に元を取れます。**

（西川　純）

Zoomの登録の方法

Zoomへの登録（サインアップ）

　Zoom を使うには、まず登録（以下、サインアップ）をする必要があります。パソコン（Web カメラとマイクつきのノートパソコンか、Web カメラとマイクを別途用意したディストップパソコン）を用意してください。Zoom はスマートフォンや iPad でも利用できますが、機能制限があります。ホストになる方はパソコンが必須です。以降の手続きは実際の画面を見ながら進みましょう。

1　Zoom のサイトにアクセスする

　Zoomのサイト(https://zoom.us/)にアクセスし、画面右上の「サインアップは無料です」というボタンをクリックします。

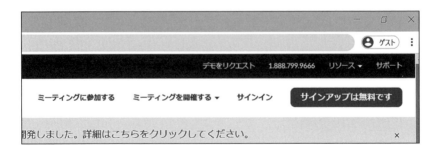

2 確認画面に誕生日を入力する

「検証のために、誕生日を確認してください。」という画面が出て来るので、誕生日を入力して「続ける」ボタンをクリックします。

ただし、オンライン授業するにあたっては、教師がアカウントを持っていれば児童生徒がアカウントもたなくてもOKです。誕生日を入力するのは、Zoomの規約では未成年がアカウントを取得することができないためであり、入力したデータは保存されません

3 メールアドレスを入力する

メールアドレスを入力する画面が出て来るので、入力後「サインアップ」のボタンをクリックします。

4 Zoomからのメールを確認し、メールアドレスの認証をする

Zoomから先ほど入力したメールアドレス宛にメールが届くので、確認後メールにある「アクティブなアカウント」というボタンをクリックします。

新たにページが開き、「Are you signing up on behalf of a school?(あなたは学校を代表してサインアップしますか)」という質問が出て来るので、どちらかを選択して「続ける」ボタンをクリックします。

5 アカウント情報を入力する

「Zoomへようこそ」という画面が出て来るので、「氏名」を入力し「パスコード」を設定します。パスコードを設定する際は、「文字は8字以上」「1つ以上の文字(a,b,c…)」「1つ以上の数字(1,2,3…)」「大文字と小文字の両方を含む」という4つの条件があるため、その条件を満たすようなパスコードを設定します。

6 「仲間を増やしましょう」をスキップする

アカウント情報入力後「仲間を増やしましょう」のページが出てきますが、「手順を
スキップする」というボタンをクリックします。

7 「ミーティングのテスト」のページからアカウントの設定の画面へ
移動する

「マイアカウント」のボタンをクリックし、設定を変更します。

　設定の変更については、この後のP.66「最初にしたい初期設定」に詳細がありますので、そちらを参考にしてください。

　これでZoomのサインアップは完了です。

Zoom pro（有料版）へのアップグレード

1　サインイン

　Zoomのサイト(https://zoom.us/)に行き、右上上部にある「サインイン」をクリックします。

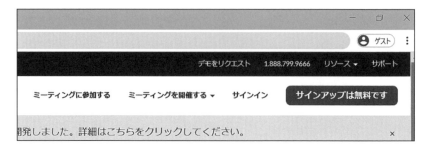

　その後、メールアドレスとパスコードを入力する画面が出て来るので、必要事項を入力し、サインインします。

2 アカウント管理から支払いへ

　マイアカウントのページの左側にある「アカウント管理」をクリックすると「支払い」
の項目が出て来るのでそこをクリックします。

3 「アカウントをアップグレード」をクリック

　現在のプラン（基本プラン）について説明するページが出て来るので、その右下
にある「アカウントをアップグレード」のボタンをクリックします。

4　Zoom pro のアップグレードを選択

　「基本」「プロ」「ビジネス」「企業」という4つのプランが表示されるので、「プロ」の「アップグレード」を選択します。

5　通貨、支払回数を選択

　通貨が日本円単位になっていたら「米ドル$」にします。これは現在米ドルのレートが低いため、日本円よりも米ドルを選択したほうが支払額を抑えることができるためです。
　また、支払いは「月ごと」と「年ごと」の2つから選べますが、こちらも「年ごと」の支払いのほうが支払額を節約できるため、「年ごと」のほうを選択します。

6　支払い連絡先を入力し、支払方法を選択

　支払いの連絡先に必要事項を記入します。画面をスクロールして支払方法を選択し、今すぐアップグレードをクリックします。
　以降、クレジットカードの情報を入力すればZoom proへのアップグレードは完了です。

7　利用上の注意

　ここでは「プロ」での契約を例示していますが、本格的な学校利用の場合は「教育向けZoom」(https://zoom.us/jp-jp/education.html)が基本です。しかし「教

育向けZoom」は20以上のライセンスの契約が必要です。教師個人、もしくは小さい学校の場合、まずは「プロ」を使って本当に使えるか否かを判断すると思います。Zoomは、教育向けZoomを使用する教育プラン利用登録者を通じた場合を除き、16歳未満の個人による使用を意図していません。16歳未満の個人はアカウントを作成できません。また、16歳未満の個人が本サービスを使用することは基本的にできません。学校で教育として利用している場合は、「プロ」はもちろんのこと「教育向けZoom」であっても、アカウント所有者（学校または教師）の指導と監督下の集団としての利用であることを忘れてはいけません。

公費処理

　以上は個人としてアカウントを取得する方法です。公費処理の場合、クレジット払いでは領収書が発行されないことがネックになると思われます。この場合は、立て替え払いで処理します。具体的にはZoomの有料版にアップグレードするとZoomからの電子メールに、INVOICEという請求書が添付されます。それとクレジット払いの履歴を付けて会計処理します。

　なお、クレジット払いの履歴を付けることに抵抗がある場合はPayPalを間に挟む方法があります。具体的には、PayPalを使ってZoomの有料版の支払いをすると、PayPalから「Zoom Video Communications, Inc.へのお支払いのご連絡」というタイトルの電子メールが届きます。この電子メールを印刷した書類に、先ほどのZoomの請求書（INVOICE）を付けて会計処理します

　民間の企業の場合、これで問題なく処理できますが、会計処理のルールは地域によってまちまちです。会計担当に問い合わせてください。

　20以上のアカウントを取得するならば代理店を介してZoomと契約します。たとえばNECネッツエスアイ（https://www.nesic.co.jp/zoom/）は領収書を発行します。20ライセンスに満たない学校の場合は、市区町村が複数学校をまとめて契約することも考えられます。

（早川史織）

Zoomアプリの インストール方法

パソコンへのインストール方法

　Zoomアプリをインストールする方法について説明していきます。

　Zoom公式サイトのダウンロードセンター(https://zoom.us/download)にアクセスし、一番上にある「ミーティング用Zoomクライアント」をダウンロードします。

　ダウンロードボタンを押すと、Zoomのインストーラー(Windowsなら ZoomInstaller.exe、MacならZoom.pkg)がダウンロードされます。ダウンロードが終わったら、Zoomのインストーラーを実行(クリック)させることで、Zoomアプリをパソコンにインストールすることができます。

Zoomアプリにサインインしてみよう

　Zoomアプリのインストールが終わったら、Zoomアプリを起動してみてください。次のような画面が表示されますので、「サイン イン」のボタンを押してください。

　画面が次のように変わりましたら、P51〜52で登録したメールアドレスとパスコードを入力して「サインイン」ボタンを押してください。

　次のような画面が表示されたら、Zoomアプリへのサインインは成功です。

Zoomアプリを最新版にアップデートする方法

　セキュリティのためにも、Zoomアプリを最新版にアップデートすることは重要です。Zoomアプリを最新版にアップデートする方法は、パソコン・スマホ・タブレットによって異なります。パソコン版では、Zoomアプリからアップデートを行うことができます。次の画面のように、右上のプロフィールアイコンをクリックして（①）、「アップデートを確認」を選択します（②）。

アップデートの確認が始まり、最新版が存在する場合は「更新が利用可能」のウィンドウが表示されます。画面の指示に従って「更新」ボタンをクリックすると、最新版にアップデートすることができます。

　正しくアップデートされたかを確認したいときは、先ほどと同じように「アップデートを確認」をクリックしてください。「最新の状態を保っています」と表示されれば、最新版にアップデートされています。

　Zoomアカウントにサインインしていない状態でZoomアプリをアップデートする方法は、WindowsとMacで異なります。Mac版Zoomの場合、Zoomアプリを起動させた状態でMacのツールバーにある「zoom.us」をクリックし、その中にある「アップデートの確認」をクリックすればアップデートをすることができます。

　一方、Windows版Zoomアプリをサインインせずにアップデートするには、最新版アプリをZoomのサイトからダウンロードし、再インストールするしかありません。Zoom公式サイトのダウンロードセンター(https://zoom.us/download)にアクセスし、最新版の「ミーティング用Zoomクライアント」をダウンロードして再インストールを行ってください(再インストールの手順は、P58「Zoomアプリのインストール方法」で説明した手順と同じです)。

(福原将之)

Zoomの
セキュリティ対策

対策すべきセキュリティ問題

　Zoom を使用する際のセキュリティ対策について、オンライン授業を実施する学校側の観点から見ていきましょう。これまで Zoom に発生した Zoom のセキュリティ問題は、およそ次の6つです。

A) ズーム爆弾

B) パソコン版ズームアプリの脆弱性 (カメラ・マイクのハッキングや認証情報の漏洩)

C) ユーザーの了解なく Facebook にユーザー情報を送信

D) Zoom にアカウント登録した個人情報が流出

E) 通話の暗号化が不十分 (Zoom 社による盗聴が可能)

F) Zoom の招待 URL を偽ったフィッシング詐欺

　これらのセキュリティ問題は、**学校が適切に対応をすればすべて防ぐことが可能です**。Zoom のセキュリティ問題の詳細と、具体的な対応策について紹介しましょう。

Zoom爆弾

　Zoom 爆弾 は、学校のオンライン授業では一番気をつけるべき問題です。Zoom 爆弾とは、「学校に関係のない不審者がオンライン授業に乱入して、生徒たちに不適切な映像を見せたり、先生を誹謗中傷したりする犯罪」のことです。

ニューヨーク州の教育当局がZoomの使用を禁止したのは、この
ズーム爆弾が理由です。**ただし、現在は既に対策方法（ミーティング
パスコードと待合室の使用）が確立されており、**学校側・先生が適切
に対応すれば完全に防ぐことが可能です。

パソコン版Zoomアプリの脆弱性

　パソコン版ズームアプリの脆弱性は、たとえばMacのWebカメ
ラやマイクがハッキングできる脆弱性が見つかったり、Windows認
証情報が盗まれる脆弱性が見つかったりしています。ただし、Zoom
は既にこれらの脆弱性に対処した最新バージョンを公開しているの
で、**最新版のアプリにバージョンアップすれば防ぐことができます。**

Facebookにユーザー情報を送信

　ユーザーの了解なくFacebookにユーザー情報を送信した問題は、
アメリカではZoom社を相手取った集団訴訟に発展しています。こ
れはZoom社アプリの内部にあるFacebook SDKという仕組みが
原因だったのですが、現在Zoom社ではこれを既に停止しているた
め、ユーザー情報が送信されてしまうことはありません。

アカウント登録した個人情報の流出

　ニュースなどで取り上げられていましたが、実はこのアカウント流
出はZoom社から流出したものではありません。専門家によると、
他サイトから流出したメールアドレスとパスワードを使い、クラッ
カーがZoom社でログインテストをして流出リストを作った可能性
が高いそうです。
　しかし、思い出してください。Zoom社はアカウント登録をしな
くとも使うことができます。**学校の授業用アカウントだけ登録して、
生徒アカウントは登録せずに利用するとよいでしょう。**また、授業用
にアカウントを作る際も、他サイトで既に使用しているパスワードと

は異なるパスコードを使うようにしましょう。

通話の暗号化が不十分

　これは、Zoom が暗号化に使用している AES (Advanced Encryption Standard) の鍵長は 128 ビットのため、多くの組織や企業が使用している 256 ビットに比べて暗号化が不十分だと指摘されている問題です。

　確かに Zoom の暗号化は強固とは言えませんが、それでも一般人が手軽に盗聴できるレベルではありません。機密情報を扱うことの多い政府や企業なら、Zoom を使用すべきではないでしょう。

　しかし、学校のオンライン授業の用途であれば、気にせずに Zoom を使用しても問題ないと私は思います。コストをかけてでも入手したい機密情報ならまだしも、学校のオンライン授業の内容は、クラッカーがコストをかけてまで盗聴する価値はありません。盗聴されるリスクよりも、Zoom を使うメリットのほうが大きいとは思いませんか。

Zoomの招待URLを偽ったフィッシング詐欺

　これは「Zoom の招待 URL」に似せた「悪さをする URL」を作り、SNS 等で拡散する詐欺のことです。「悪さをする URL」を間違ってクリックしてしまうと、クレジットカード情報などが盗まれてしまう手口です。

　このフィッシング詐欺の対策は、**何よりも生徒自身が「むやみに URL をクリックしない」と意識すること**が重要です。「Zoom の招待 URL は毎回決まった方法で送る」というルールを作っておくと、フィッシング詐欺の予防になります。

学校が取るべきセキュリティ対策

　以上を踏まえて、学校が取るべき具体的なセキュリティ対策は次の5つになります。Zoomを使ったオンライン授業では、これらを徹底しましょう。

●生徒のアカウントは作成しない
●ミーティングパスコードを必ず設定する
●待合室を使用する
● Zoomアプリを最新版にアップデートする
●ミーティングIDとパスコード、URLを外部に流出させない

　Zoom社のセキュリティ施策によって、無料アカウントでは2020年5月9日からミーティングパスコードの設定が必須化されました。有料アカウントでは必須化はされていませんが、初期設定から「ミーティングパスコードがオン」の状態になっています。同様に待合室の利用についても、初期設定から「待合室の利用がオン」の状態になっています。自分で設定をオフに変更しなければ、最初から待合室やミーティングパスコードを使用できる状態ですので安心してください。Zoomアプリを最新版にアップデートする方法は、P60の「Zoomアプリを最新版にアップデートする方法」をご覧ください。

（福原将之）

最初にしたい初期設定

設定ページへのアクセス方法

　ここでは Zoom を実際に使用する前に設定しておくとよい初期設定について紹介します。最初に、Zoom の設定ページへのアクセス方法について説明します。

1　サインイン

　Zoomのサイト(https://zoom.us/)に行き、右上上部にある「サインイン」をクリックします。

　その後、メールアドレスとパスコードを入力する画面が出て来るので、必要事項を入力し、サインインします。

2　個人の設定ページへ

　マイアカウントのページの左側にある「設定」をクリック(①)すると、個人の設定ページに移動することができます。もし「ミーティング」以外のタブ(「記録」か「電話」)が

選択されている状態でしたら、「ミーティング」のタブをクリック（②）してください。

　個人の設定ページへは、こちらのURL（https://zoom.us/profile/setting）を
ブラウザに打ち込んで直接移動することも可能です。

学校全体で設定を共有する方法

　Zoom の設定には、「個人の設定」と「組織の設定」の２種類があり
ます。「組織の設定」では、登録しているアカウントに対して一括で
設定を行うことができます。学校全体でオンライン授業に取り組む場
合は、「組織の設定」から一括で設定しておくことをおすすめします。

　組織の設定ページには、次のようにアクセスします。マイアカウントのページの左
側にある「アカウント管理」をクリック（①）し、その中にある「アカウント設定」をクリッ
ク（②）してください。もし「ミーティング」以外のタブ（「記録」か「電話」）が選択され
ている状態でしたら、「ミーティング」のタブをクリック（③）してください。組織の設
定ページへは、URL（https://zoom.us/account/setting）をブラウザに打ち込
んで直接移動することも可能です。

　ただし、「組織の設定」には注意が必要です。「組織の設定」を設定しておいても、「個人の設定」が設定されていると「個人の設定」のほうが優先されてしまいます。せっかく組織で設定を行っても、それが教員のアカウントに反映されなければ意味がありません。

　「組織の設定」をメンバー全員に反映させるためには、「設定のロック」機能を使いましょう。設定のロックは、設定項目の横にある錠前のアイコンをクリックすることでオンにできます。

音声タイプ

参加者がミーティングのオーディオ部分にどのように参加できるかを決定します。オーディオに参加するときは、コンピュータのマイク/スピーカーを使用するか、電話を使用するかを選択できます。また、複数のオーディオタイプから使用するものを1つに限定することもできます。サードパーティ製のオーディオを有効にしている場合は、すべての参加者がZoom以外のオーディオを使用するための指示に従うよう要求することができます。

○　電話とコンピューター音声

○　電話

◉　コンピューター音声

赤い四角で囲んだ錠前のアイコンをクリックすることで、「設定のロック」をオン／オフできます。画像のアイコンはロックされた状態です。

　ただし、今の段階で組織としてオンライン授業に取り組むというのは現実的に難しいでしょう。まずは自分から始めるという方は、当然、個人設定となります。

Zoomのおすすめ設定

　Zoom の設定の中で特に重要なのは、「音声タイプ」の設定です。音声タイプの「電話」を選んでしまうと、通話に電話料金（国際電話）が発生する場合があります。生徒や先生が誤って電話を選択しないように、「コンピュータ音声」を選択しておきましょう（ひとつ前の図を参照）。

　「音声タイプ」以外にも設定しておいたほうがよいものがあります。設定でオンにしておいてほしいのは、以下の項目になります。

●新しいミーティングをスケジューリングする際にパスコードが求められます
●ワンクリックで参加できるように、ミーティングリンクにパスコードを埋め込みます。
●チャット自動保存
●参加者が参加または離れた時に音声が再生されます（ホストにのみ音声が入る）
●共同ホスト
●ホワイトボード（自動保存もオン）
●取り除かれた参加者を再度参加させることを許可
●ブレイクアウトルーム
●待機室（Everyone）

　セキュリティ対策のために、パスコードと待機室を使用する設定にしておきましょう（「新しいミーティングをスケジューリングする際にパスコードが求められます」と「待機室 (Everyone)」）。

　「ワンクリックで参加できるように、ミーティングリンクにパスコードを埋め込みます」を設定しておくと、生徒は URL をクリックするだけでオンライン授業に参加することができておすすめです。

チャットとホワイトボードについては、自動保存をオンにしておくと授業後に内容を確認することができて便利です。

　「参加者が参加または離れた時に音声が再生されます（ホストにのみ音声が入る）」の設定をしておくと、生徒が入退室した際にチャイムを鳴らすことができます。授業中に生徒の通信が切れてしまった際や、授業に復帰してきた際にもチャイムで気づくことができておすすめです。

　後述するブレイクアウトルームと共同ホストは、ここで設定しておかないと使用することができませんので、忘れずにオンにしておきましょう。

　「取り除かれた参加者を再度参加させることを許可」は、誤って生徒を削除（強制退室）してしまった場合でも、再び授業に合流することを許可する設定です。先生の操作ミスが心配な方は念のためオンにしておきましょう。Zoom の設定には他にもいろいろありますので、慣れてきたらネット検索で調べてみてください。

（福原将之）

第4章

朝の会を
やってみよう!

朝の会をやってみよう！

朝の会をやってみよう！

　Zoom のアカウントを取得したら、**まずは朝の会を Zoom でやってみましょう。**朝の会であれば教材等を準備しなくてもよいので、ハードルも低いと思います。

　最初の朝の会は、クラスの子どもたち全員が Zoom にうまく入れるかどうかをチェックするだけで終わってしまうことも予想されます。1回目、2回目ぐらいまでは、うまくつながれるかのチェックのための時間というふうに考えておきましょう。

　朝の会の実施にあたっては、あらかじめ、児童生徒へプリントやオンラインの連絡ツールなどで、Zoom へ招待するための情報とともに、1回目・2回目はお試しのための会になることや、もしも、うまくつながれない家庭があった場合には、朝の会が終わった後で、順次、電話でサポートをするなどを伝えましょう。できれば保護者の中でパソコンに強い方がいたら、接続できない人へのサポートをお願いしたいことなどもお知らせしておくと、保護者も落ち着いて対応でき、協力する保護者も出てきたりします。

　また、「Zoom で家の中を写されたくない」という保護者もいるはずです。**かならずしもビデオつきではなく、顔が出ない状態での参加もできることも周知しておくと、無理なく参加しやすくなるでしょう。**

　なお、Zoom にはバーチャル背景という機能もあることを伝える

のもよいでしょう。

学校の回線の環境を確認しておこう

　１つのクラスだけでお試しで開催するときにはあまり回線の容量は気にしなくてもよいと思いますが、もしも学校全体で朝の会に取り組むような場合には、おそらく学校の回線の容量が問題になってきます。

　学校によっては、回線の容量のために、同時に朝の会を開催できるのは３クラス程度までになる場合もあるでしょう。

　その場合は、**３クラスごとに時間をずらしてシフトを組むなどの工夫が必要になります。**

実際に朝の会を準備してみよう！

　手順は下記のようなものになります。

①お試しの朝の会のミーティングの開催日時を決めて、Zoom でスケジュールする。

②スケジュールすると、他の人を招待するための情報が設定されるので、その情報をプリントやメール等で、クラスの保護者にお知らせする。

③朝の会のミーティングの開催日時に Zoom を開いて、クラスの子どもたちが入れているか、音が全員に聞こえているか、マイクが子どもの声を拾っているかなどをチェックする。

④子どもの近況を短く話してもらったり、クイズを出して楽しんだりするなど、教師が子どもの状況に合わせてオンラインで子ども同士が時間を共有してつながりあうのに役立つような会にする。

⑤朝の会が終わった後、通信障害があった家庭などをサポートする。

（吉田友貴）

Zoomのミーティングに招待するには

まず、児童生徒を招待しましょう

①デスクトップにあるZoomアプリを起動します。アプリが起動したら、オレンジ色の新規ミーティングをクリックしてください(ログインが求められる場合がありますが、取得したZoomのアカウントでログインしてください)。あなたの顔が写ります。もし、あなたの名前が写っているならばビデオはオフになっています。P.78の説明を読みビデオのオンオフを試してください。

②カーソルを下に移動すると「参加者の管理」というボタンが現れます。それをクリックすると以下のような画面が現れます。

画面右下の「招待」ボタンをクリックすると画面が変わります。

③画面中央の「招待のコピー」ボタンをクリックします。すると、開催したミーティングのURL、ミーティングID、パスコードがコピーされます。下記のような内容です。

〇〇〇〇さんがあなたを予約された Zoom ミーティングに招待しています。

トピック：〇年〇組　朝の会

時間：2020 年 5 月 21 日 08:30 AM 大阪、札幌、東京

Zoom ミーティングに参加する

https://us02web.zoom.us/j/XXXXXXXXXXpwd=SVVXOWtt
WDZiSjMzcjdUL3FIb1pWdz09

ミーティング ID: 〇 8 〇 3449 1254

パスコード：439349

これを、ご自身のワープロソフトにペーストしてください。ここのURLとミーティングIDとパスコードを、学校が持っている一括のメール送信サービス等で児童生徒に送信したり、プリントを渡したりすることで、Zoomへの招待が完了します。

（クラスの保護者のメールアドレスが把握できていれば、そのアドレスを半角コンマでつなげたものをテキストとして保存し、子どもたちに一斉送信する時は、このテキストをコピーし、メールソフトのBCC欄にペーストして利用すると便利です。なお、Googleグループというサービスを使えば、メーリングリストを作成することもできます）。

（吉田友貴）

ギャラリービューと スピーカービューの 切り替え

画面の表示方法を切り替えるには

　Zoom には2つの画面表示方法があります。ギャラリービューとスピーカービューです。

　ギャラリービューとは、画面上に複数の参加者の画面が映し出される機能です（パソコンの場合は最大25人、スマホの場合は最大4人、タブレットは機種によって最大4人、6人、9人）。

　スピーカービューとは、Zoom のシステムが発言している人を判別し、その人の画面のみを全員の画面に表示する機能です。

スピーカービュー

スピーカービューの場合は上段の小さな画面の左端にある水色のボタンを押すと写っていない参加者の画面が見られます。

　画面右上にカーソルをもっていくとギャラリービュー（スピーカービュー）のボタンがあるのでそちらで変更可能です。

　下の画面右端にある水色の三角ボタン（①）を押すと、25人に収まりきれなかった参加者の顔が見られます。

ギャラリービューとスピーカービューの切り替え

　朝の会や帰りの会で先生が話しているときには、児童生徒はスピーカービューにしておけば、先生の顔のみが画面に映ります。

（吉田友貴）

ビデオのオンオフ、ミュート（消音）のオンオフ

ビデオ・ミュートの操作方法

　ビデオのオンオフの切り替えは、画面左下にカーソルをもっていくと以下のようなボタンが現れます。「ビデオの開始（停止）」というボタンがありますので、そちらのクリックで可能です。自分の映像が他の人に見えなくなり、その代わりに自分が設定した画像が自分の所に映ります（初期設定の場合は、Googleのアカウントの名前等が映ります）。マイクのオンオフの切り替えは、ビデオのオンオフの隣にある「ミュート（ミュートの解除）」というボタンがあります。

　自室でオンライン授業をした場合、自分の顔以外に部屋の様子が見えてしまいます。これを避けたい場合は「仮想背景」という機能があります。また、画面のオンオフや仮想背景以外にもSnapchat（https://www.snapchat.com/l/ja-jp/）というアプリを使って自分の姿や背景を変更することもできます。何らかの事情で姿や背景を見せたくない子どもに対しては、このような機能を使って対応する必要もあります。

（吉田友貴）

第5章

実際の
オンライン授業の
進め方

実際の授業を
してみよう！

Zoomではどんな授業ができるのか？

　オンラインの教育支援ツール、授業支援ツールにはさまざまなものがあり、学校や自治体によってG Suite for educationや、ロイロノート・スクールや、Microsoft365 Educationなど、多岐にわたるツールが使われており、先生によってさまざまなアレンジや工夫がされていると思います。

　Zoomでの授業は、リアルタイムなオンラインのつながりで、子ども同士が交流しながら、子ども自身が主体的に子ども同士の関係をつくりながら学び合える空間を作り出すことできます。

　まさに「主体的・対話的で深い学び」をオンラインで実現したいときに、それを可能にしてくれるツールです。

Zoomで可能な授業の流れ

可能なこと①　教師が子どもたち全員に説明し、資料を見せる

　まず初めに、教師が授業についての説明をします。画面共有を活用して、あらかじめワードファイルやパワーポイントで作成したものを子どもに見せながら説明すると理解しやすいでしょう。

可能なこと②　子どもをグループ分けし、子ども同士で交流する

　Zoomのブレイクアウトルームという機能を活用するとグループ

分けした話し合いができるので、子どもを 4 人程度のグループに分けて話し合ってもらいます。話し合う内容や課題について画面共有で説明した場合は、ブレイクアウトルームに割り振った後、生徒は画面で課題を見ることができなくなってしまうので、スマホで撮影させたり、スクリーンショットを撮らせたりしていつでも子どもが確認できるようにしておきましょう。

可能なこと③　授業を記録する

　話し合った内容は、記録することをおすすめします。記録には Zoom のチャット機能を使ったり、Google スプレッドシートや Google ドキュメントで記録を残したりすることもできます（使い方を第 6 章でご紹介します）。また、授業の内容を動画で残しておくこともできます。

　動画で残しておけば、何らかの理由で視聴できなかった子どもに後で送ることもできます。

気をつけるべきこと

　子どもたちは大人よりもやすやすと Zoom の機能をすぐ操るようになります。とりわけ、オンライン授業がスタートして最初の 1 週間〜 10 日程度は、お互いにつながれるようになった楽しさや、Zoom の操作の面白さに子どもが夢中になっていろいろな機能を試し始めます。この時間は子どもが Zoom の機能を使いこなしたり、どうやって友だちとの間でこの道具を使うといいのかを試行錯誤したりするためのとても大事な時間です。

　そのため、**この時期、子どもたちがやりたい放題になることは一定程度覚悟しておきましょう。ここですぐ禁止や支配に走らないことです。**慣れれば落ち着いてきます。

（松村　昂）

画面共有と
ミュート（消音）の方法

画面の共有

　画面の共有は、共有した人の端末の選択した画面や音声が、参加者の端末にも表示される機能のことをいいます。機能としては、画面の共有、ホワイトボード、iPhone/iPad の共有、画面の部分の共有、コンピューターサウンドの共有、第二カメラコンテンツ（外付けの実物投影機など）の共有があります。しかし、単純な画面の共有だけで十分です。

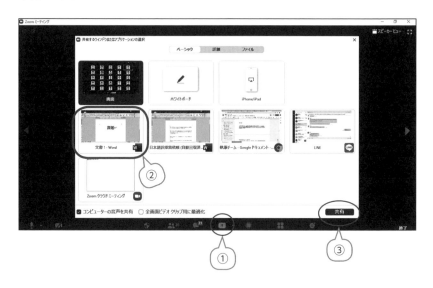

カーソルを画面の下方に移動するとメニューバーが現れます。画面の共有は、画面下のメニューバーの真ん中にある"画面を共有"をクリックして（①）、自分が共有したい画面やコンテンツを選択し（②）、共有ボタンをクリック（③）すると共有することができます。授業中にこの機能を活用すれば、子どもは先生の画面をそのまま見ることができます。

さまざまなツール・コンテンツ

皆さんがワープロやプレゼンソフトで板書計画を作成していれば、それをそのまま見せることができます。また、どの画面を共有するかを指定する先の画面には「ホワイトボード」というものがあります。これを使えば、手書きで図や言葉を書き込むことができて、それが子どもたちの画面に反映されます。

動画を流すこともできます。現在、さまざまな授業動画が無料で公開されています。餅は餅屋に任せましょう。プロがつくった動画を活用しましょう。皆さんは、その動画をツールとして使い、子どもとの双方向のつながりの部分に特化しませんか？

なお、音声付き動画を共有する場合は、共有画面を選択する画面左下の「コンピュータの音声を共有」にチェックを入れてください。動画の音声が流れている間は、皆さんの声は消音されています。動画の流れる途中で何かを話したい場合は、一度、動画を止めてください。ただし、動画が止まってから消音が解消するまで数秒かかります。動画を止めて数秒たってから話し始めましょう。

画面共有を停止し、元の状態に戻りたい場合は、カーソルを画面の上に移動してください。そうすれば画面上部真ん中あたりに赤い「共有の停止」というボタンが現れます。それを押してください。

なお、どの画面かを選ぶ場面で「ホワイトボード」を選択するとホワイトボードが現れます。

　上はホワイトボードの画像の様子です。その上方には以下のツールバーがあり、それらを利用すればホワイトボードを使うように活用することができます。

ミュートの設定

　Zoom では**一度に多数の人が発言する**ことができません。そのため、教師が説明する時は"参加者の管理"から"すべてをミュート"にするか、ミーティングの設定で**あらかじめ参加者をミュートにしておく**ことをおすすめします。

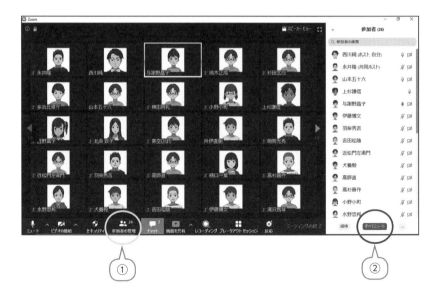

カーソルを画面下方に移動するとメニュー画面が出ます。その中の「参加者の管理」を押すと（①）、左側に参加者一覧が現れます。その一覧の下に「すべてミュート」というボタンがあります。それを押すと（②）、全員がミュート（消音）になります。

　なお、参加者の欄を消したい場合は画面上方にあなたのアイコンがあるはずです。その上に下向きの矢印があります。それを押すと「閉じる」というボタンが現れますのでそれを押してください。参加者一覧の欄が消えて画面が広がります。

　Zoomのサイト（https://zoom.us/）にアクセスし、画面右上の「サインイン」を押してサインインするとマイアカウントの画面が出ます。マイアカウントページの左にある「設定」をクリックすると、各種設定のページに切り替わります。そこで初期設定で参加者のビデオをオフにすることや、ミュートにしておいたりすることができます。以下の画面は、ホストも参加者も開始直後はミュートにする設定です。

（松村　昂）

子どもがグループに分かれて交流できる！
〜ブレイクアウトルームの使い方

ブレイクアウトルームとは

　ブレイクアウトルームとは、Zoom ミーティングを別々のセッションにできる機能のことをいいます。授業でいうグループ分けだと思っていただければイメージしやすいかもしれません。最大で 50 グループ（セッション）作ることができます。

ブレイクアウトセッションの作り方

　まずブレイクアウトセッションを使用する前に、Zoom ミーティングの詳細が

- ●ブレイクアウトセッション　ON
- ●リモートサポート　　　　OFF

になっていないと使用することができませんのでご注意ください。

　これは最初の設定で既に行っていますが、確認するには、Zoom のサイト(https://zoom.us/)にアクセスし、画面右上の「サインイン」を押してサインインするとマイアカウントの画面が出ます。マイアカウントページの左にある「設定」をクリックすると(①)、各種設定のページに切り替わります。続けて「ミーティング」(②)、ミーティングにて(詳細)"(③)をクリックします。

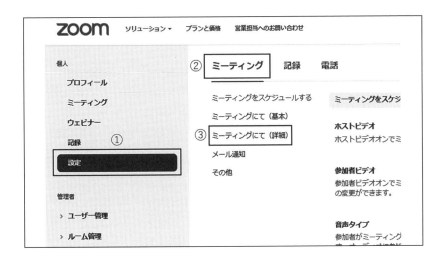

先ほどミュート設定をした画面の下に動かすと、ブレイクアウトルームとリモートサポートの設定を変更することができます。

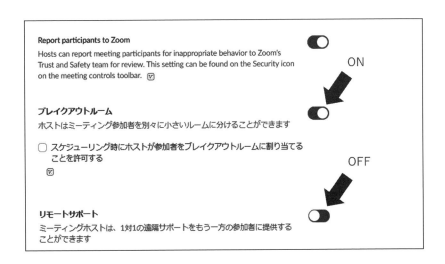

ブレイクアウトルームの使い方

　授業の流れに即して、ブレイクアウトルームの使い方を説明します。

　教室で目の前の子どもたちに授業するように話します。先生の説明があり、発問します。先に述べた画面共有の機能を使えば、ワープロソフト等で作成した教材を提示することも可能です。

　それで終わらせることもできますが、**ブレイクアウトルームを使って子どもたちが話し合わせる場面を設けることをすすめます**。理由は子ども同士の会話の積み上げは子どもの心の安定に大事なことだからです。

　教師から「○○ことを話し合ってください。時間は○時○分までです。各グループは代表を決めてください。話し合いが終わったら、その人がどのような結論になったかを発表してください。セッションの番号順に発表してください。なお、授業終了後、その結論を短くまとめたレポートと、グループのメンバーの名前を出席簿順に並べて、先生に電子メールで送ってください」と言います。（以下　リアクションレポート）

　子どもたちがブレイクアウトルームに分かれると画面にはセッション番号が示されます。子どもたちにはそれを覚えておいてもらうのです。その番号順に発表するというルールができると、速やかに発表が進みます。また、**グループ別のレポートを出させることによって、学びの内容を記録することができます**。また、**それによって出席を取ることもできます**。

　画面下にカーソルを移動すると、右側に「ブレイクアウトセッション」というボタンが現れます。それを押すとセッションの数を指定する画面が出ます。

　セッションの数を増やすと、各セッションに参加する人数が表示されます。おおよそ4人ぐらい（スマホ・タブレットの最大表示人数）が子どもは慣れていると思います。手動で割り当てることもできますが、慣れるまでは自動で割り当てるようにしましょう。

　そうすると以下のような画面になります。

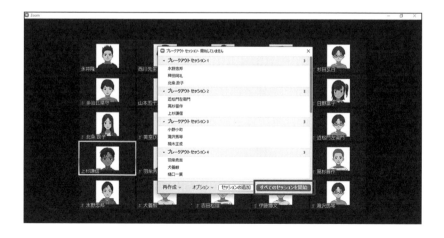

青い「すべてのセッションの開始」のボタンを押してください。すると、子どもたちの画面には"ブレイクアウトセッションに移動"というボタンが出てきますので、子どもたちがそれをクリックすると、子どもたちがそれぞれのセッションに移動します。そして、最終的にはあなた1人の画面になります。

　各セッションでどんな話し合いをしているかを確認するには、各セッションに参加すれば可能です。たとえばブレイクアウトセッション1に参加したいときは、カーソルをブレイクアウトセッション1の右端に移動し、押せば、「参加する」が現れます。それを押せば参加することができます。

　退出する場合は、画面右下の"ブレイクアウトルームを退出する"というボタンをクリックし、続けて"ブレイクアウトルームを退出する"をクリックすると、メインルームに戻ることができます。

　ブレイクアウトセッションを終えるには、下のバーの"ブレイクアウトセッション"をクリックし（①）、続けて赤の"すべてのセッションを停止"をクリックします（②）。

　初期設定では、1分間の猶予時間を設けるようになっています。そのため子どもたちに予告した時間の1分前になったら、上記を行ってください。

　終了後に、各セッションの代表が発表します。

　もし、再度話し合いの場面をさせたい場合は、先と同様に画面右下のブレイクアウトセッションを押し、セッションの数を指定する画面を出します。ここで何もいじくらずに「すべてのセッションの開始」のボタンを押せば、先と同じメンバーでの話し合いが始まります。

　このようにブレイクアウトルームを活用すれば、話し合いを取り入れた授業が可能になります。

　前述したように、**慣れるまでは自動で割り当てられたセッションを利用しましょう。**しかし、セッションの再作成という機能を使えば、メンバーを変えたセッションをつくることもできます。先に紹介した「すべてのセッションの開始」のボタンがある画面の「再作成」を押せばいいのです。

　また、特定の子どもを別なセッションに移動することもできます。また、ブレイクアウトルームセッションという味気ない名前ではなく、そのセッション特有の名前に変更することもできます。

　なお、**ブレイクアウトルームに分かれているときも、ホストから全員にメッセージを流すこともできます。**

慣れてきたら試してください。まずは、上記の最低限のことから始めましょう。

最後に大事な注意です。**上記のようなブレイクアウトルームの利用ができるのはパソコンのみです。従って、ホストである教師はパソコンで参加することが必須です。**

子どもがブレイクアウトルームに分けられた後に遅刻して参加した場合は、ブレイクアウトルームに割り当てられません。その場合は、ブレイクアウトルーム一覧の一番上の行に未割り当てとして名前が入ります。その名前の行の右側にカーソルを移動すると、どのブレイクアウトルームに割り当てるか選択する画面が出ますので割り当ててください。

また、何らかの理由で最後までメインルームから画面が消えない、つまりブレイクアウトルームに分かれていない子がいて、かつ、先ほどの未割り当てにも名前がない場合は、その子に一度ミーティングを退出し、再度入室するよう指示してください。遅刻の子どもと同様に、ブレイクアウトルーム一覧の上位にその子の名前が現れますので、上記の要領で割り当ててください。

ホストである教師からは見えませんが、ブレイクアウトセッションを開始すると、参加者である子どもたちの画面にはブレイクアウトルームに移動するかを確認する画面になります。子どもたちがそれを確認してから移動します。結果として移動にワンクッションが入りますし、はじめは戸惑います。そのような一手間がなくても、教師がブレイクアウトセッションを始めると、スムーズに子どもが各プレイクアウトルームに移動する設定があります。

ブレイクアウトセッションを作るときのオプションで、参加者を自動で移動させることもできます。

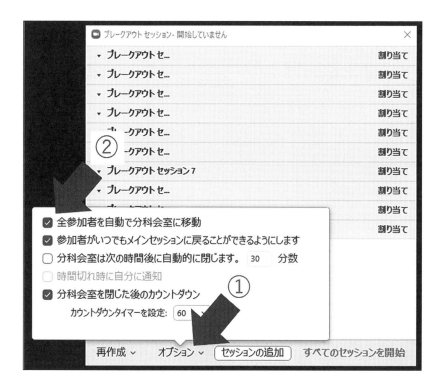

　先ほどの繰り返しですが、カーソルを画面下方に移動するとメニューバーが現れます。その中のブレイクアウトセッションを押せばブレイクアウトセッションの作成画面が出ます。セッションの作成を押せばブレイクアウトルームの一覧画面が出ます。その画面の下方に「オプション」というボタンがありますので押してください。

　①はホストがブレイクアウトルームセッションを終了されてから、実際に終了するまでの時間です。この60秒という設定はそのままでよいと思います。

　②にチェックを入れると、子どもたちが確認ボタンを押さなくてもスムーズにブレイクアウトルームに移動します。チェックを入れましょう。

（松村　昂）

子どものやりとりを記録に残す

チャット機能で記録に残す

　Zoomでは、画面下にカーソルを移動すると「チャット」というボタンが現れ、参加者同士が文字ベースでチャットのやりとりすることが可能です。なお、**パソコンで参加した場合は、ブレイクアウトルームからメインルームに帰った後も、自分がいたセッションの中のチャットは残ります。** 先に述べたホワイトボードを活用してみんなで書き込む方法もありますが、その場合**メインルームに帰ったあとは画面共有が強制的に終了させられ、書いたものが消えてしまうので注意する必要があります。**

　上記のようにチャットが残るのはパソコンの人だけで、スマートフォンやタブレットの人は、ブレイクアウトルームを移動してしまうと、チャットはすべて消えてしまうということです。記録を残す方法としては、Googleスプレットシートや Google ドキュメントを使うといった方法もあります。

　Googleスプレッドシートや Google ドキュメントで記録を残す方法については6章でご紹介しましょう。

レコーディングで動画の記録を残す

　画面の下にカーソルを移動させると、レコーディングというボタン(矢印)が現れます。それを押すと授業の様子が保存されます。ただし、保存されるのは皆さん(即ちホスト)の画面です。ブレイクアウトルームに子どもを移動させた後は、あなたがどこかのブレイクアウトルームに移動しない限り、あなたの様子をじっと記録することになります。その場合は、カーソルを下に移動し左側にあるミュートやビデオ停止を押しましょう。ブレイクアウトルームが終わったら、それらを再開することを忘れずに。

　ミーティングの設定で、ミーティングが始まった瞬間に録画を始める設定、チャットを自動保存する設定もありますので、そちらもご活用ください。設定しておけば、記録し忘れることがなくなります。

　自動録音の設定はZoomのサイト(https://zoom.us/)に入り、サインインをして、右側の「設定」を押してください。画面上部に「記録」が現れますので、それを押してください。画面を下の方に動かすと「自動記録」が現れます。右側のボタンをチェックしてください。

　録画方法には、Zoomのクラウドに録画する方法と、お使いのデバイスに録画する方法があります。クラウドに録画すると、"マイアカウント"の中の"記録"に保存されています。

　ただし、最初のほうに書きましたが、有料契約者はクラウドに動画を保存することができます。しかし、容量が小さいので、こまめにメンテナンスをしないと溢れてしまいます。そのため利用しているコンピュータのデスクトップを記憶場所として指定することをすすめます。ここなら、忘れることがありませんから。

　どこに記録するかを指定するにはコンピュータのZoomアプリを起動してくださ

い。画面右上に歯車マークが現れます。それを押すと設定画面が現れます。左側に「レコーディングしています」というボタンが現れるので、それを押してください。ローカル録音の場所を指定する画面が現れます。

　なお、チャットを自動保存する設定もしましょう。画面上部の記録の隣にミーティングというボタンがあります。それを押してください。画面を下に動かすと「チャット自動保存」が現れますので、それをオンにしてください。

プライベートチャット
ミーティング参加者が別の参加者に1対1のプライベートメッセージを送信できるようになります。

チャット自動保存
ミーティング中のチャットをすべて自動的に保存するため、ホストはミーティング開始後にチャットのテキストを手動で保存する必要がありません。

　休校解除後も、感染を心配し、学校に登校させない保護者も出ることが予測されます。その場合、ズームを使って普段の授業を映し、その子が参加すればいいのです。

　最後に全員をメインルームに戻し、話し合った内容をグループで発表させます。**ルーム番号ごとに発表させるとスムーズにいきます。**この時に、**自分のグループで話し合った内容をチャットで残しておけば、それをメインルームでコピー＆ペーストをすることによって全員で共有することができます。**

　これはあくまで授業の流れの一例ですので、授業をしながら試行錯誤してみて、よりよい授業の仕方を見つけていきましょう。

　Zoom のレポートという機能を使えば、出欠を取ることも可能です。しかし、クラスレベルでしたら、先のブレイクアウトルームの使い方で紹介した、授業後に子どもたちから電子メールで送られるリアクションレポートを活用することをすすめます。**Zoom のレポート機能は参加者がミーティングに入ったことを保証していますが、聞いていなくてもわかりません。複数のメンバーの連名のリアクションレポートでしたら、誤魔化すことは困難です。**

（松村　昂）

授業のミーティングを
定期的に設定する方法

定期ミーティング

　オンライン授業が時間割のように、毎週同じ時間に開講される場合は、定期ミーティングでスケジュールしておくことをおすすめします。定期ミーティングは、ミーティングIDや参加URLが変わらない会議室を作ることができます。こうしておけば、**授業ごとに子どもにURLを伝える必要がなくなります。**

　では、実際に定期ミーティングを作成する方法を説明します。

　まずはZoomのサイト（https://zoom.us/）に入り、画面右上のサインインのボタンを押し、サインインします。通常ミーティングを作成する手順と同じように、次ページの画面の写真のようにマイアカウントページの左側にある"ミーティング"をクリックし（①）、次に"新しいミーティングをスケジュールする"をクリック（②）します。

　トピックのところに授業名を入れましょう。たとえば「朝の会」「3年2組数学木曜1限」のような名前だと間違わないと思います。次に開催日時、所要時間を記入します。そのアカウントで開催する前の授業、後の授業と重ならないよう注意しましょう。

　定期ミーティングを作るには、ミーティングを作成する際に次の画像の矢印で示した"定期ミーティング"にチェックを入れると作成することができます。チェックを入れるとミーティングの開催頻度、いつからいつまで開催するか(リピート)の表示が出るので、それを入力すればそのミーティングは定期的に開催されます。

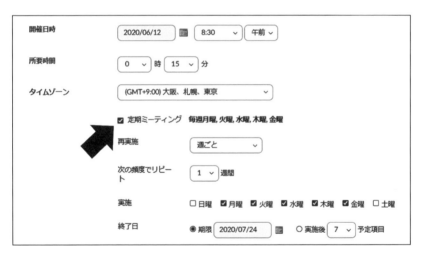

　たとえば、夏休み前まで毎週開催をしたいなら再実施を"毎週"にして開催する曜日にチェックを入れ、終了日を7月〇日と入力します。すると、夏休み前まで毎週同じ時間にミーティングを開催することができます。

　スケジュールを設定する画面の下にはさまざまな設定があります。

　「ミーティングパスコード」の設定があります。セキュリティのためにチェックを入れることをすすめます。

ビデオの設定は立ち上がったときにビデオ画像が配信されるか否かの設定です。立ち上げ当初はドタバタしているので、ホストも参加者もオフにしてください。

　音声は「コンピュータ音声」にしてください。

　先のビデオの設定と同様の理由で、「入室時に参加者をミュートにする」にチェックしてください。

　「ホストの前の参加を有効にする」に関して注意があります。定期ミーティングのスケジュールは極めて緩い縛りです。「ホストの前の参加を有効にする」を有効にすると、子どもたちはスケジュール外の時間でもいつでも自由には入れます。そしてホストより前に入室したことの警告メールがホストに送られてきます。それでも構わない場合は有効にしてください。何らかの理由でホストである教師の入室が遅れても、子どもを待ちぼうけにすることを避けることができます。

　セキュリティを高めるためには、「登録」「待合室を有効にする」の設定は必須です。

　待合室を有効にするためには、マイアカウントページの"設定"をクリック（①）し、次に"ミーティングにて（詳細）"をクリック（②）します。

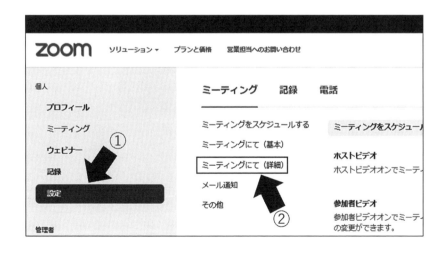

そこから、少し下にスクロールすると"待機室"という項目が出てきますので、次の画像の矢印のようにそのボタンをクリックしてオンにすると設定することができます。

待機室に入ってきた人全員の参加を一気に許可することもできます。画面下の"参加者"をクリック（①）すると、現在参加している人と、待機室にいる人がわかります。次に、画面右上に表示される"全員の入室を許可する"をクリック（②）すると、待機室にいる人全員の参加を一気に許可することができます。

画面の下に保存ボタンがあります。それを押すと画面が変わります。そこに「ミーティングID」、「Invite Link」、「ミーティングパスコード」があります。それを子どもたちに送ってください。

定期ミーティングの編集

定期ミーティングを設定したけれども、祝日で授業がない日や、休講した分の振り返り授業を追加したい場合のために、定期ミーティン

グの編集の方法を説明します。

　定期ミーティングの編集は、まずは通常のミーティングと同じように、マイアカウントページの左にあるメニューから"ミーティング"をクリックします。次に、自分が編集したいミーティングの名前をクリックします。すると、編集画面と同じような画面が出ます。以下は、朝の会を編集する画面です。

　次に"時刻"という項目の中の青文字で表示されている"予定項目をすべて表示"(矢印)をクリックしてください。

　そうすると予定の一覧が画面に現れますので、個々に編集することが可能です。
　ただし、定期ミーティングの設定はZoomに少し慣れてからでも遅くはありません。とりあえず毎回子どもたちに招待メールを送るという方法でも結構です。
　なおいくつもの定期ミーティングがあるとそれを覚えているのが大変です。1つの方法ですが、Googleカレンダーのようなサービスを使い、その定期予定にそれを書き込むと忘れないと思います。

(松村　昂)

児童生徒用マニュアル

　児童生徒側画面はミーティングへの参加の仕方などが教師側と異なります。しかしマニュアルを児童生徒分印刷することや、本を購入させることは難しいと思いますので、児童生徒用に別にマニュアルを作成しております。Zoom にスマホで参加する児童生徒が多いと思われますので、マニュアルはパソコン版とスマホ・タブレット版を用意しています。

　児童生徒には西川研究室のホームページ (https://nishikawa-lab.jimdofree.com/) をご紹介ください。メニューの中の「online」というところを開いていただくとご覧になれます。

パソコン用マニュアル	スマホ、タブレット用マニュアル

　なにか不備があれば、西川研究室にご連絡ください。連絡先は先に述べたとおりです。児童生徒用のマニュアルは随時、更新します。なお、出版後に Zoom の仕様に大きな変化があった場合、こちらにアップする可能性があります。

　　　　　　（細野憲一：ネット上の児童生徒用マニュアル作成を含む）

第6章

子どもが
交流して学べる
自習室を
つくってみよう!

自習室を設ける意味

友だちに会える場所をオンラインでつくる

　今、多くの行政が推進しているコロナ対策は、今までの通りの授業をそのまま再開させようとしているものばかりです。しかし、子どもにとって学校とは何でしょう。もちろん勉強するところです。しかし、それ以上に友だちに会える場所ではないでしょうか？

　今、子どもはそのような場を奪われています。オンラインによる自習室ではその場を与えることができます。

　子どもは一人で学びたいときは一人で学びます。関わりたいときには関わります。それが健全です。

　ブレイクアウトルームは最大限（50）設けられます。一般的な有料のプランである、プロプラン・教育プランでは基本料金で最大100人がつながることができます。自習室を一つのクラスに限定する必要はありません。**いろいろなクラスの子どもが出たり入ったりして学び合うのです。**

　複数の自習室を用意すれば、学校単位の交流の場も実現できます。部活動つながりで異学年の子ども同士が連絡を取り合って、時間と場所を定めてオンラインで会うのです。

　プロの作成した質の高い授業動画であったとしても、子どもの多くは視聴しないでしょう。視聴する子どもは全体の2割弱だと思います。では、それ以外の子どもはどうやって学ぶのでしょうか？　視聴して

学んだ子に教えてもらうのです。多くの人にとって耳学問は一番効率のよい学習法です。

　考えてください。みなさんスマホ操作でわからないことがあったとき、マニュアルを読みますか？　ショップに行って説明を受けますか？　そういうこともあるでしょう。しかし、多くの人の場合は、同じスマホを使っている人に聞くのではないでしょうか。それと同じです。

　以上の中で、子どもは「わかった、ありがとう」「よかったね、私も嬉しい」という言葉を掛け合うことを通して、心の安定が保たれるのです。これは日に一度の担任からの電話より、ずっと安心感を与えてくれます。

自習室を設けたときに子どもに伝えたいこと

　先に述べたように、オンライン授業がスタートして最初の1週間〜10日程度は、お互いにつながれるようになった楽しさや、Zoomの操作の面白さに子どもが夢中になっていろいろな機能を試し始めます。この時期、子どもたちがやりたい放題になることは一定程度覚悟しておきましょう。

　自習室では子どもたちの自由度は一気に上がります。

　子どもたちに、「みんなを信じているから権限を与えた」と伝えてください。そして、その権限を使って、みんながわかり、安心できる場をネット上に構築してほしいと語ってください。

　もし、禁止や支配に教師が手を出せば、子どもは自分の頭を使いません。当初は失敗するでしょう。しかし、教師の管理下で安全に失敗させ、どうしたら解決するかを繰り返し語ってください。自己解決できる集団に育ちます。

（佐藤　剛）

子どもたちを
共同ホストにする仕方

　前章までで紹介した授業では、コンピュータが割り振ったグループの中で話し合います。子どもはグループ間を自分の判断で移動することはできません。しかし、**共同ホストという権限を子どもに与えれば、子どもは自由にグループを移動することができます**。つまり、話し合いたい人、学び合いたい人を選ぶことができます。テスト前に子どもたちが空き教室や図書館など思い思いの場所に集まって自習をする。そのような空間を、Zoom で共同ホストの機能を使うことで実現することができます。

　共同ホストの機能を使うには、共同ホストの設定を有効にする必要があります。Zoom サイト (https://zoom.us/) にサインインを行い、アカウント設定をクリックします。その中の「ミーティング」を押すと現れる画面を下に移動してください。「共同ホスト」が現れます。これをオンにします。これで Zoom を行ったとき共同ホストにするというボタンが出現します。

　画面下部の中から「参加者の管理」というボタンをクリックすると参加者の名前が表示されます。名前の右側の詳細というボタンを右クリックし、その中の「共同ホストにする」という項目を選択します。これにより共同ホストの権限を与えることができます。複数人を一度に選択することはできないので個別に行っていく必要があります。

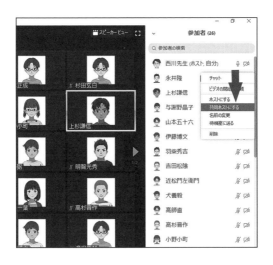

　残念ながら現状ではブレイクアウトルームを自由に移動できるのはパソコンで参加している人のみです。従って、**スマートフォンやタブレットで参加している子どもは共同ホストにすることはできません。**それをわかりやすくするために、名前を変更することによって、名前の後ろにマークを付けることも考えられます。

（佐藤　剛）

ブレイクアウトルームの移動方法

ブレイクアウトルーム間を移動するには

　共同ホストの権限を持った子どもは、ブレイクアウトルームに移動した後は自由に他の部屋に行くことが可能になります。移動するには、まずブレイクアウトセクションのボタンをクリックし、ほかの部屋に誰がいるのか確認します。行きたい部屋を見つけ、「参加」のボタンをクリックすると移動することができます。**子どもは用途や教師の指示でその部屋を使いわけて使用することができます。**

部屋の使い方

部屋の使い方としては以下のような例が考えられます。勉強部屋では、会話は行わず個人が学習を行います。教師の部屋では、教師が子どもの話し相手になったり、質問を受けることで不安を解消したりできます。その他に子どもたちが議論する部屋などを作ることができます。**学習の進捗状況で部屋を分けることで、わかる子どもが問題のわからない子どもの部屋に行って教えることも可能です。**

教師はメインルームでブレークアウトボタンをクリックすることで子どもの動きを見ることもできます。ホストは新たな参加者を迎えるためにメインセッションに残る必要があるので、教師の部屋を作る場合は複数人の教師で行うことが必要です。

ちゃんと動けるようになったら、最初から子どもの数のセッションを最初に設定します。セッションは最大 50 まで設けることができます。最初は一人で分かれて、子どもたちが移動するのです。

（佐藤　剛）

スマホ・タブレットの子どもへの対応

チャットの利用、LINEの利用、時間を待ち合わせる

　スマホ・タブレットで Zoom に参加する場合、共同ホストであってもブレイクアウトルームの移動ができません。**そのためパソコンがある場合にはスマホ・タブレットのデザリング機能を使ってパソコンをつなげて行うことをおすすめします。**

　スマホ・タブレットで行う場合にはチャット機能を使い、教師 (ホスト) に行きたい部屋を伝えて移動します。教師はブレークアウトボタンをクリックし移動したい子どもの名前にカーソルを合わせると移動先と表示されます。それをクリックし部屋を移動させます。

　チャットでは全体にメッセージを送ること、参加者個人に送ることができます。各ブレイクアウトルームでもチャットを行うことができます。パソコンの場合、メインセクションに戻っても残りますが、iPhone、iPad で参加している場合は残りません。

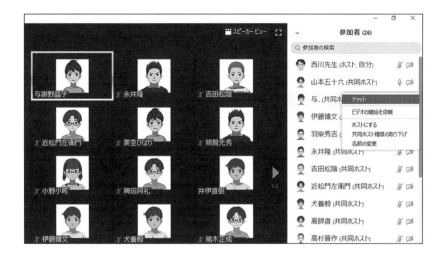

　チャット機能より子どもたちにとっては LINE のほうが使いやすい
かもしれません。これから画面共有やチャット機能を使うより既存の
LINE をパソコンの傍らにおいて友だちと連絡しながら使うこともで
きます。自習室を使う時間や待ち合わせをするのに役立ちます。

（佐藤　剛）

ホストの移動

ホストの負担

　自習室を運営する時、ホストはメインセッションに残り新たな参加者を共同ホストにすることが必要です。共同ホストになることで参加者はブレイクアウトルームを自由に移動できます。スマホ・タブレットの参加者にはブレイクアウトルームに送る操作も伴います。

　新たな参加者が来るたびに共同ホストにする操作が必要なのでメインセッションで待機している必要があります。新たな参加者が来るとチャイムが鳴るように設定することもできるため、パソコンの傍らでほかの作業を行うことも可能です。しかし、常にパソコンで Zoomを立ち上げておく必要があり、1 人でやろうとすると負担になります。

　時間ごとにホストの役割を交代することで 1 人あたりの教師の負担を軽減することができます。

　私たちの行った自習室では 5 人でホストを交代しながら行い 13 時から 17 時まで運営しました。勉強を行う部屋、先生とお話しする部屋、小グループで議論する部屋が 3 つありました。多くの人を迎えることができ、有意義な時間を過ごすことができました。

ホストの移動

他の人をホストにする方法は、先の共同ホストにした方法と同じです。

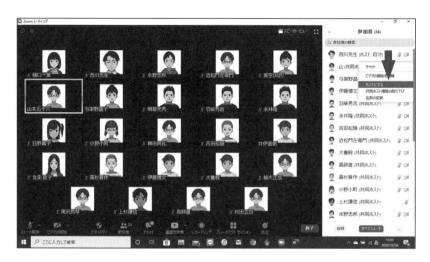

　ホストを他の参加者に移すときは、画面下の参加者のボタンからホストにしたい参加者にカーソルを合わせます。右クリックで「ホストにする」を選択します。

（佐藤　剛）

保護者の方へ

　子どもの今の様子を見て現在の学校に対して不満があると思います。幸い、心ある教師がおり、この環境の中でできることをもがいています。しかし、残念ながらその教師をストップする教育委員会、校長がいます。それは大多数と言っていいでしょう。悪気はないのですが、平等というものに囚われているからです。

　もし、学校が上記のようなことしかできないならば、学校を諦めましょう。保護者の方が自習室を作成し、賛同する保護者の子どもを招待してください。ホストの負担はあります。長時間の自習室を運営する場合、複数の保護者が時間分担して、ホスト権限をつないでいくのです。

　あなたが教師で学校が動かないならば、保護者として動きましょう。それがあなたの子どもを守る方法です。

　最後に広域通信制という選択肢があることをお伝えします。詳しくは『Society5.0 に向けた進路指導　個別最適化時代をどう生きるか』（明治図書）をご覧ください。**オンライン授業を拒否し、必死に従来の授業にしがみついている学校よりは遙かによい学習環境を提供しています。**

(西川　純)

第7章

『学び合い』での利用法

『学び合い』とは

自習室の運営

　「朝の会、帰りの会」「授業の仕方」「自習室」と順次説明しました。「授業の仕方」「自習室」で学んだことを、「朝の会、帰りの会」で利用することはできます。「自習室」で学んだことを「朝の会、帰りの会」「授業の仕方」で利用することもできます。

　おそらく、「朝の会、帰りの会」「授業の仕方」での利用に留まるならば、今までの授業とほぼ同じなので、今までの授業手法で問題なく運営できます。

　しかし、学校は授業を受けるだけの場所ではありません。先に述べたように自習室、即ち子ども同士が自由に主体的に関わる場が絶対的に必要なのです。即ち、「朝の会、帰りの会」「授業の仕方」で学んだことレベルのオンライン授業では不完全で、自習室で学んだことを活用してください。

　ただし、2割弱いるクラスの中で孤立している子、自分から「教えて」と言えない子はいます。それはオンライン授業特有のものではなく、普段の授業の時も同じです。教師がつくった班に分かれて話し合っているようでも、子細にみれば班の中で孤立している場合も少なくありません。

　自習室をすべての子どもの学びの場、安心の場にするには、「一人も見捨てない」という文化が必要です。それについては『学び合い』（二

重カッコの学び合い) が有効です。

一人も見捨てない

　私は『学び合い』という教育の理論と実践論を提唱しています。『学び合い』では子どもたちに「一人も見捨てないことは自分にとって得である」ことを繰り返し語ります。国語や社会などの教科学習の時間に主に実施します。特徴的なのは教師が基本的に授業内容の説明はしません。その代わりに子ども集団の関わり方を観察し、それを基に価値付けを繰り返すのです。

　授業時間の約９割を子どもたちに任せます。教師は班などのグループをつくりません。子どもたちは自分で考え課題を解きます。わからないときは同級生に聞きます。その教科の得意な子は、集団の中を廻り、わからない子に教えるのです。

　おそらく多くの教師は「そんなんで大丈夫なの？」「遊ぶ子は生まれない？」「孤立する子はどうなるの？」と心配されると思います。しかし、『学び合い』では授業を積み上げる中で、子どもたちに任せていても、全員が課題達成に向かい続ける集団を育てるのです。

　意外かもしれませんが、皆さんの多くはそういった指導を受けたことがあります。そして、そういった指導を行った人もかなりいます。え？　っと思われたかもしれません。

　部活動を思い出してください。部活動ではその時間の大部分を子どもたちの自主的な活動に任せています。部の顧問は、全員が課題達成に向かい続ける集団に育てるのです。具体的には、顧問が現れる前に練習の準備を始め、自らが練習プログラムを立てられる部に育てるのです。

　『学び合い』とはその部活動での指導を教科指導の場面で行う教育なのです。そして、その仕組みはリッカートという経営学者の「システム４」という理論に一致しているのです。集団管理のゴールデンルールともいえます。

おおよそ2つのことを語り続けるのです。

第一に、一人も見捨てないのは「得」である。注目してほしいのは「徳」ではなく、損得の得であることを語ります。

みなさんも部活動でチームの大切さを語られ、語ったのではないでしょうか？　野球部で甲子園に行ったとしても、プロ野球選手になれるわけではありません。そして圧倒的大多数のチームはさらに無理でしょう。つまり、野球部で得られるのは共に闘った仲間です。このあたりがちゃんと語れないと、3年生でレギュラーに入れなかった子どもが泣きます。逆にちゃんと語ることができれば、レギュラーから外れても仲間を応援できます。

確実に仲間を得る方法は、一人も見捨てない集団にするしかありません。一人見捨てる集団は二人目を見捨て、二人見捨てる集団は三人目を見捨て……際限がありません。

子どもたちは有能である

第二に、『学び合い』では、みんなで協力すればすごいことができると繰り返し語ります。当然、教師はそれを信じなくてはなりません。

部の運営を子どもに任せれば最初は失敗するでしょう。しかし、失敗を繰り返す中で自己解決力のある集団に育ちます。短期では教師が手取り足取り指導したほうが伸びるかもしれません。しかし、長期的に見れば、自己解決力のある集団にしたほうが伸びます。

『学び合い』では集団を2：6：2で見ます。部活動を思い起こしてください。「やるぞ～！」という子どもは2割います。「なんでこの部に入ったの？」という子どもは2割います。6割はその中間です。よい部活動になるかならないかは6割の子どもが「やるぞ～！」という子どもにつながるか、「なんでこの部に入ったの？」という子どもにつながるかによって決まります。

『学び合い』では遊んでいる子、孤立している子にアプローチしません。なぜなら、無駄だからです。教師が何かしたら解決できるので

あれば、とっくに解決しています。残念ながら遊んでいる子、孤立している子に教師は影響力を持たないのです。

　一方、「やるぞ〜！」という子どもには教師は影響力を持ちます。その子の一人も見捨てないことを実現しようとする行動を見取り、それを評価するのです。

　たとえば、ある子どもが今まで話したことのない子に近づいて教えていたら、それを褒めるのです。逆に、教えてと言えた子を褒めるのです。教師の影響力のある子どもが活性化したら、その子は中間層の6割を巻き込みます。結果として、併せて8割の子どもが一人も見捨てないことを実現する行動を多かれ少なかれ行います。その8割の子が「なんでこの部に入ったの？」という子どもを動かすのです。

　つまり、自習室をすべての子どもの学びの場、安心の場にするには、自習室が部活動であると理解すればよいのです。部活動と考えたときに顧問がすべきことを行えばいいのです。

　「あなた自身が信じていないことは、口で言っても、書いても、また、どのような行動をしてみても、他人を動かすことはできない。」（ナポレオン・ヒル　新・完訳『成功哲学』P.289）

指導の流れ

　具体的な指導の流れを例示しましょう。

　最初にその日の課題を与えます。たとえば、「教科書23ページから24ページの問題を解いて。その中の2番の問題の解き方を全員がわかる説明を書いてください。それを3人の人に説明して、わかってもらったらサインをもらう。わかってもらえなかったら説明を改良し、わかってもらったらサインをもらう。全員が問題を解いて、3人のサインをもらってください」というような課題です。

　この課題で重要なのはクラスをリードする2割の子どもが、達成すべき課題とは何かを理解できることです。もともと全員がわかる説明などあり得ません。しかし、2割の子どもが誤解しないような課題

は可能です。その子どもが言葉を積み上げながら、まわりの子どもに伝えてくれます。

　リードする子どもが、自分がわかっているか否かを確認する意味でも、答えを次節で説明するGoogleドキュメントに保存しておいてください。

　5分以内で課題を説明してください。長くなるのは全員に伝えようとしているからです。それは無理だと諦めてください。教師が長く説明するより、子どもが説明したほうがわかります。

　終了時間は授業終了前の5分前であることを予告し、ブレイクアウトルームに移動させます。初期値として子どもの数だけブレイクアウトルームを設けてください。もし、子どもが本当に学ぼうとするならば、基本的に子どもは自分一人で問題を解こうとします。わからなかったときに移動し、教えてもらうのです。

　ブレイクアウトルームに移動してからは、クラスをリードする子の動きを観察してください。その子がいろいろなところに移動しているならば健全です。たまにその子のブレイクアウトルームを覗いて、どのような会話をしているかを聞いてください。P.130で紹介するGoogleスプレットシートを見れば、どの子がわかって、どの子がわかっていないかを俯瞰的に見えます。それを手がかりにリードしている子がどのようなことを考えて移動しているかを推察するのです。

　授業終了の5分前に全員が集まります。そして、その日の学びでどのようなことが起こったかを語ります。10のうち9は褒めてあげてください。そして、次の時間前に乗り越えるべき課題を1つ語ってください。授業中はこの1つを何にするかを考えながら、子どもたちを見守ってください。

さらに知りたい方へ

　『学び合い』は20年以上研究され、その成果をもとに数千人の教師が20年間実践しています。その学術データ、実践データは整理され、

さらなる学術研究、実践研究にフィードバックされています。

　皆さんもさまざまな部活動指導のノウハウをお持ちだと思います。それに『学び合い』のノウハウを付け加えたい方は以下の5冊を順番にお読みください。1日に1冊以上のペースで読むことができると思います。

　『学び合い』ステップアップ (学陽書房)、

　週イチでできる！アクティブ・ラーニングの始め方 (東洋館)、

　『学び合い』を成功させる教師の言葉がけ (東洋館)、

　学力向上テクニック入門 (明治図書)、

　みんなで取り組む『学び合い』入門 (明治図書)。

　『学び合い』を Zoom でやる場合、自習室的な扱いが最適です。『学び合い』を実践している方だったら、それは自習室を紹介しているときに気づいたと思います。**固定的なグループを利用する今までの授業と異なり、『学び合い』では子どもが主体的にグループを形成します。それをオンライン授業で実現できるのです。**

　『学び合い』を最初に実践する場合は、毎日、課題を与えていたと思います。しかし、子どもたちが慣れてくれば、単元単位で課題を与えて『学び合い』を実践する方もおられます。このまとまって課題を与える『学び合い』では、効率は高まり、教科の標準的な進み方の3分の2にすぐなります。考えてください。校長から毎日少しずつ課題を与えられるのと、まとめて課題を与えられるのと、どちらの効率がよいですか。それと同じなのです。

(西川　純)

子どもが共同で課題を解決するためのツール

　『学び合い』を進めるために、子ども同士が共同で課題を解決したり、お互いを助けあったりしていくためのオンラインでの便利なツールがあります。Google の便利な機能があります。これらの機能は、教師が Google のアカウントを持ってさえいれば、生徒はアカウントを持っていなくても使うことができます。

　『学び合い』では共同で作業をする機会が多いので、非常に利用価値は高いです。

Googleドキュメントとは

　Google ドキュメントは、文章を作成するためのツールです。Google ドキュメントを使うと、複数の人が同時に文章を編集することができます。これは、『学び合い』では強力なツールとなります。

Googleドキュメントを使ってみよう

　Google のトップページに移動し、Google アカウントにログインします。画面右上にあなたの写真（マーク）があります。その左に黒丸が3×3の正方形に集まったアイコンがあります。それが Google のアプリのアイコンです。それをクリックすると Google アプリの一覧が表示されるので、下にスクロールし、「ドキュメント」のアイコンをクリックします。

　課題を作成する際は、画面上部に出て来る「新しいドキュメントを作成」の中の左端にある「空白」を選択します。

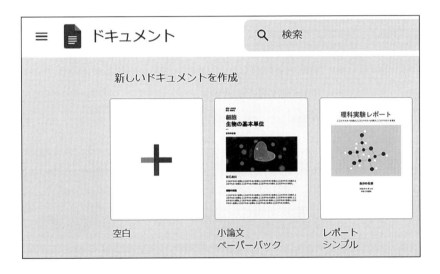

　作成した課題を授業で使う際は、ドキュメントのURLを子どもに伝えます。子どもはGoogleアカウントにログインしなくても、URLを使ってドキュメントのページに行くことで、Googleドキュメントで文章を同時編集しながら課題に取り組むことができます。

　画面右上に「共有」のボタンがあるのでそれを押します。「名前を付けてください」という画面が出ますが、名前を付けずにスキップするのも可能です。

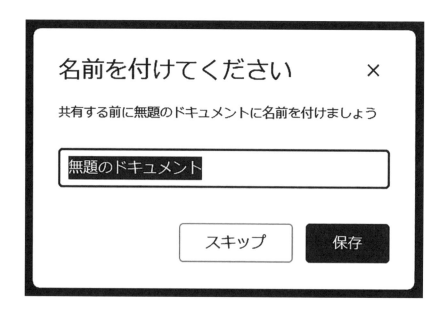

画面の下方に「リンクを取得」という画面が現れます。

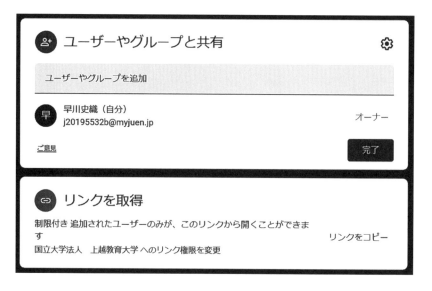

その画面の「リンクをコピー」を押します。コントロールキー＋Ｖキーを押すか、マ

ウス右ボタン押すと現れる貼り付けで共有のためのアドレスをペーストすることができます。そのアドレスを使って、以下のようなメールを送ってください。

　『みんなで一緒に作成する文章ファイルをつくりました。以下のアドレスをクリックしてください。

　https://docs.google.com/document/d/・・・文章ごとにさまざまなアドレスが生成されます。・・・・・

　クリックすると「権限が必要です」という画面が出ます。画面の「アクセス権限をリクエスト」をクリックすると、しばらくしたら使えるようになります。』

　子どもたちが「アクセス権限をリクエスト」をクリックすると、みなさんのメールアドレスに「アクセス権のリクエスト」というメールが来ます。そのメールを開くと「共有設定を開く」というボタンが現れますので、それをクリックします。画面に「ユーザーやグループの共有」という画面が出ますので、そこで送信を送ると、その子どもは文章を編集できるようになります。

　なお、後述するGoogleスプレッドシートも子どもとの共有の方法は同じです。

　子どもたちがアクセス権を持つと書き込みができるようになります。子どもたちが書き込んだとたんに、それは全員の画面に反映されるのです。

　これで協働しながら作業することが可能です。

　実は、本書はこのGoogleドキュメントを使って西川研究室で協働して作成したのです。

（早川史織）

子ども同士で進み具合を確認して助け合うために

お互いの進み具合を確認して助け合うのに便利なツール

　Google スプレッドシートは表計算ソフトの１つです。たとえば、表やグラフを作ったり、関数を用いて計算したりすることができます。また、Google ドキュメントと同様に複数の人が同時に編集することが可能です。『学び合い』では１単元 (時には学期) 単位で課題を与えます。子ども同士が互いの進捗状況を知るのに、Google スプレッドシートは有効です。

Googleスプレッドシートを使ってみよう

　Google のトップページに移動し、Google アカウントにログインします。Google のアプリのアイコンをクリックするとGoogle アプリの一覧が表示されるので、下にスクロールし、「スプレッドシート」のアイコンをクリックします。

　新規のスプレッドシートを作成する際は、画面上部に出て来る「新しいスプレッドシートを作成」の中の「空白」を選択します。

　これ以降の作業は先に紹介したGoogleドキュメントとほぼ同じです。

　作成した課題を授業で使う際は、ドキュメントのURLを子どもに伝えます。子どもはGoogleアカウントにログインしなくても、URLを使ってスプレッドシートのページに行くことができます。

課題の進捗状況を可視化する

　スプレッドシートで子どもの名前と課題名を書いた表を作成し、子どもにそのURLを伝えます。その課題をできた子どもはスプレッドシートにアクセスし、表の中に○を入力します。先に紹介した

Google ドキュメントと同様に、入力すれば直ちに全員が見ているスプレットシートに反映されます。これにより、自身の課題の進捗状況を記録するとともに、クラス全体の課題のリアルタイムの進捗状況を見ることができます。

	無題のスプレッドシート ☆						
	A	B	C	D	E	F	G
1							
2		課題1	課題2	課題3	課題4	課題5	課題6
3	生徒A	○					
4	生徒B	○	○				
5	生徒C						
6	生徒D	○					
7	生徒E						
8	生徒F						
9	生徒G	○	○	○			
10	生徒H	○	○				
11	生徒I	○	○	○			
12	生徒J						
13							
14							

　まとまった課題を与えると、成績上位層の子どもは自分の課題達成に集中します。そのため他の子どもへのアドバイスが疎かになりがちです。その結果として、クラスの課題達成の進捗状況がアンバランスになるでしょう。その場合は、「スプレッドシートを見てください。課題達成の進捗状況がアンバランスになっていないでしょうか？　これで全員が期間内に達成するでしょうか？　この勉強の課題は全員が課題達成することです。そのために何をするべきかを君たちはわかっているはずです。期待していますよ」と注意喚起をしてください。そうすれば成績上位層の子どもが気づき、教えることと、自分の課題を達成することのバランスを取るようになります。

（早川史織）

なぜまとまった課題を与えると
課題達成のスピードが上がるのか？

　『学び合い』の初期には毎日、その日の課題を子どもたちに与えます。しかし、ある程度、子どもが『学び合い』に慣れてくると、先に紹介したように**単元ごと、時には学期ごとの課題をまとめて与えます。そうすれば教科書の標準的な時間数の3分の2くらいで達成できます。**なぜでしょうか？

　平常の授業を思い起こしてください。子どもの中には一つ一つのステップを早く終わらせられる子どももいる一方、時間のかかる子がいます。教師は大多数の子どもが終わったときに次のステップに進むことができるのです。たとえば、小学校1年生の場合、書くスピードが極端に違います。教師が板書した1行をノートに書き写す時間は速い子と遅い子では倍以上の違いがあります。教師は最後の一人のエンピツが止まるまで待っています。

　以上の様な進行速度なので、速い子の時間が無駄になってしまうのです。しかし、課題をまとめて与えれば、その無駄がなくなります。速い子は課題をどんどん解き、余った時間で教えることができるのです。

予習する子どもたち

　さらに教科書の標準的な時間の半分ぐらいに短縮して達成することも可能です。まとまって課題を与えた時に、「先生は予習してはダメだよとは言っていないからね」と微笑んでください。必ず、予習してくる子がいます。その子は開始直後からスプレッドシートに記入するでしょう。

　そうしたら以下のように語ってください。

　「先生はビックリした。授業開始直後にスプレッドシートに課題達成を記入した人がいた。つまり、予習してきた子がいる。さて、その

子はなぜ、予習したのだろう？　自分のためか？　違う。だって、その子は時間内に十分に課題を達成できる子だよ。先生のためか？　あはははは。違うな？　じゃあ、何で予習したのだろう？　それはみんなのためだよ。全員達成するために、早く教えたいから予習した。そこがすごいと思う。このクラスにはそういう気持ちの子はいっぱいいることを先生は知っているよ」

　次の日からは予習する子が増えます。こうなると標準的な時間数の半分になります。

　以前、小学校6年生でまとまった課題を与えたとき、クラスの2割ぐらいが3日分の予習をして、半数以上がその日の課題（もしくは2日分の課題）をしたときがありました。その時はクラス全員が3日分の課題を1日で仕上げることができました。

受験勉強

　高校入試、大学入試の時を思い出してください。3年生の時、どう思っていましたか？　「こんなことやるより自習をさせてくれ」と思っていませんでしたか？

　受験勉強は、自分に合った参考書を参考に、自分に合った問題集を自分のペースでどんどん進ませるのが一番効率がいいはずです。しかし、わからないときに、その場で教えてもらえたらありがたいですよね。ですので、受験を控えた3年生には、過去問から良問を選択し、子どもたちにまとめて与えることをすすめます。

（西川　純）

第8章

これから
起こること

西川　純

ポストコロナの教育は どうなるのか？

コロナ以前にはもう戻れない

　新型コロナウイルスが収束した後、令和元年以前の社会に戻れるでしょうか？　私は戻れないと思います。今回のことで、今後に起こるであろうパンデミック対策が社会のあらゆるところで講じられるでしょう。学校もその例外ではありません。

　既に長期の病欠児童生徒、また、不登校の子どもに対するオンライン授業は可能となっています。この１、２年の中で多くの教員はオンライン授業を経験し、抵抗感を下げるでしょう。**保護者もテレワークを経験し、オンライン授業への抵抗感が下がれば、学校に対してオンライン授業の充実を求めるようになります。**

保護者は知ってしまった

　世の中には良質で無料の教育コンテンツがあります。さらに、有料のサービスも今回無料で提供したのです。たとえば、広域通信制のＮ高等学校もそのコンテンツを開放しました。

　子どもたちも、保護者も、そのコンテンツと平常の授業を比較し、どちらが勉強になるのかを比較したのです。一人ひとりがタブレットを持つ今後の学校では、今までの授業ではなく、外部のコンテンツで勉強させてほしいと要求する保護者が必ず生まれます。おそらく学校はそれを禁止するでしょう。しかし、いつまでも禁止できません。**学**

校はネット上の教育コンテンツと闘うのではなく、それをツールとして使うべきなのです。そして、教育コンテンツでは実現できない、子ども集団の維持向上に仕事の内容をシフトしなければならなくなります。

減少する学校数、増大する通学距離

東洋大学の根本祐二は30年後の2050年頃には小中学校の数がどれくらいになるかを推計しました（「人口減少時代における地域拠点設定とインフラ整備のあり方に関する考察」東洋大学PPP研究センター紀要　平成30年3月）。それによれば、小学校は現在の2万校弱がおおよそ約6500校に、中学校は現在の1万校弱が約3000校に縮小します。地方はさらに厳しく、島根県、和歌山県、高知県、岩手県では小学校は現在の1割程度に減少するのです。東京都、大阪府、愛知県でさえ半減します。

さて1割になると予想される島根県、和歌山県、高知県、岩手県では、通学距離は10の平方根である3.16倍になります。そして、島根県、和歌山県、高知県、岩手県の僻地の場合は5倍、それ以上になるでしょう。僻地の交通状態を考えるとスクールバスでは対応できません。

即ち、**オンライン授業は今後の学校教育における必須アイテムになります**。

あなたが状況を変えたいなら何をすべきか

16％の人々は新しいことに対応する

　本書を読んでいる方々にとっては、周りの人たちの行動を見ていると歯がゆくて仕方がないかもしれません。そういう人たちを冷静に見守るためにはロジャーズの普及化理論（イノベーター理論）を理解することが有効です。

　ロジャーズは製品・サービスが広がる過程を分析し、新たな製品・サービスに対する構えが人によって異なることを発見しました。ものすごく簡単に言えば、16％の人は新しいものに興味があり、苦労してもそれを使いこなそうとする人たちです。68％、つまり過半数の人はよいものだったら使うのですが、使いこなすことに苦労するのは嫌がる人たちです。16％の人たちは、その製品・サービスがどんなに便利で使いやすくてもそれを使うことを拒否します。

　ということはあなたが勤めている学校の職員の16％はあなたがやろうとしていることに興味を持ち、一緒に苦労してくれます。そしてその人たちが、多くの同僚が使いこなすことに手をさしのべれば68％の職員が一緒にやってくれます。そして16％の職員を刺激せず、使うも使わないのも自由というスタンスを守るのです。**それさえ守れば16+68＝84％の職員はあなたがやろうとすることに程度の差はあれ賛同してくれます。**

多くの人の概念を転換するには？

　どうやったら中間層の 68％の人たちを説得できるでしょうか？

　これにはポズナーらの概念変容のモデルが参考になります。彼らによれば、我々が概念変容するためには、以下の４つの条件が成り立つことが必要です。

● 先行概念への不満が生じなければならない。
● 理解可能な新しい考えが、利用可能なものでなければならない。
● 新しい考え方は、もっともらしくなければならない。
● 新しい考え方は、先行概念より生産的でなくてはならない。

　教育は子どもと教師が物理的空間を共有してやるものだという考えは強固な概念です。そこからオンライン授業も授業であると認めさせることは、まさに概念転換です。

　「先行概念への不満が生じなければならない」が今までオンライン授業が進まなかった最大の原因です。しかし、今回のコロナ禍の結果、これに関してはクリアーされています。

　「理解可能な新しい考えが、利用可能なものでなければならない」は先行して実践している教師が手ほどきをして使えるように援助することが必要です。

　「新しい考え方は、もっともらしくなければならない」は同様な実践がいろいろなところでやられていることを伝えることが大事です。これは、あなた自身が SNS 等を通して積極的に発信することが大切です。他の人の発信があなたの手助けとなり、あなたの発信が他の人の手助けとなるのです。

　「新しい考え方は、先行概念より生産的でなくてはならない」は具体的なエビデンスによって証明しましょう。たとえば、テストの点数や QU テストなどを使いましょう。

「平等のために何もしない」は正しいのか？

可能性を探る

　令和2年4月23日に文部科学省は「新型コロナウイルスによる緊急事態宣言を受けた家庭での学習や校務継続のためのICTの積極的活用について（事務連絡）」を発しました。カッコの中のタイトルで検索すればヒットしますので、ぜひ、読んでください。

　家庭学習の際のICTの具体的な手段について3つのポイントを述べています。

　第一は、家庭でパソコン・タブレットやスマートフォン等ICT機器を所有している場合には、それが児童生徒の家庭学習にも活用されるよう、家庭の理解を得つつ進める。

　第二は、家庭にWi-Fi環境などがない場合が想定されるため、各学校では家庭の通信環境について至急把握すること。その際、保護者や児童生徒などが使用する家庭のスマートフォンやモバイルルーター等を活用できる場合には、それを通信手段として活用する。

　第三は、学校で既に整備されている端末を持ち帰って活用することが可能な場合には、平常時のルールにとらわれることなく積極的に持ち帰りを推奨して活用する。

　現場の学校は、この事務連絡の趣旨を理解すべきだと思います。私はある先生が担任する家庭の通信環境を調べることを校長に報告したら、その校長が教育委員会に問い合わせたそうです。結果は、ダメだ

という回答でした。市区町村レベルに情報が流れていない危険性があります。ぜひ、事務連絡を原文で読み理論武装してください。

悪しき平等で学びを止めてはならない

　現在の学校は平等に囚われています。もし、事態が重大でないならば、それもありでしょう。もう少しで等しく実施できるならば、すこし待つのもありでしょう。しかし、事態は逼迫しています。何よりも**何をすればいいのかという正解を誰も持っていません。ならば、できる人が、さまざまな方策を実施し、評価するべきです。**その中でよりよい方策を周りの人が徐々に試みるべきです。しかし、現状は真逆の状態です。

　ある先生が校長にオンライン授業を提案したら、「それができるのはあなただけでしょ。それはダメだよ」とストップされたということを聞きました。みんなができること、それがプリントを印刷し、下駄箱に入れ、保護者が回収するというのが、多くの学校で休校期間中に行われていることです。みんなができることに合わせたら、その程度に陥ります。

ポストコロナ社会はどんな社会になるのか？

工業化社会

　明治維新以降、日本は必死になって工業化しました。**工業化社会は、一定の品質の商品・サービスを安く大量に生産することに特化した社会です。**そのためには「規格化」「分業化」「同時化」「集中化」「極大化」「中央集権化」が社会のコードとなります。

　「規格化」とは製品の品質・形状・寸法などを規格に合わせて統一することが「よいことだ」という考え方です。それらがバラバラでは効率よく生産できません。「分業化」とはそれぞれの人は専門を持ち、それに特化した能力を高めることは「よいことだ」という考え方です。「同時化」とは関係する作業の進行を同期させることは「よいことだ」という考え方です。「集中化」や「極大化」は資本や人材を集中させることは「よいことだ」という考え方です。「中央集権化」はその意志決定を一部に集約することが「よいことだ」という考え方です。大工場をイメージしてください。以上が保たれるとき、一定の品質の商品・サービスを安く大量に生産できます。

　この工業化社会では、同じコードの人材を求め、そのような人材を教育によって養成します。学習指導要領という規格があります。教科別に分かれた教師によって教えられます。時間割によって同期させています。小規模の学校は合併します。文部科学省、都道府県教育委員会が教育を統制しています。この工業化社会の教育に関して日本は大

成功しました。国際学力調査では日本は常にトップレベルです。

　しかし、今の日本の教育が抱えている問題は「規格化」「分業化」「同時化」「集中化」「極大化」「中央集権化」によるものです。たとえば三密（「密閉」「密集」「密接」）などはその典型でしょう。また、すべての子どもに平等な教育も規格化に基づくものです。そして中央集権化している教育委員会は、最低レベルに基準を合わせています。たとえば、ネット環境を整えられない家庭があるからオンライン授業はダメだというのです。

脱工業化社会

　日本は長きにわたって工業化社会として成功してきました。しかし今後は日本は工業化社会として生きていけません。

　工業製品はやがてコモディティ化（高付加価値の製品の商品価値が低下し、一般化する）します。そうなれば製品の質の差はなくなります。そして質ではなく価格の勝負になります。そうなると人件費の安い中進国、発展途上国との勝負に負けてしまいます。日本の製造業が弱くなり、中進国の企業に買収される例は少なくないですが、これが原因です。

　日本が生き残るには脱工業化社会に脱皮しなければなりません。それが Society5.0 です。この社会では**工業社会の「一定の品質の商品・サービスを安く大量に生産する」と真逆に、個別最適化（多少高くて、時間がかかっても、一人ひとりの好みや必要性にフィットする）した商品・サービスを生産する社会なのです。**これだったら人件費が高い日本でも勝負できます。この社会でのコードは「デファクトスタンダード」「プロシューマ」「24 時間化」「分散化」「ミニチュア化」「分権化」が社会のコードになります。「デファクトスタンダード」「プロシューマ」「24 時間化」「分散化」「ミニチュア化」「分権化」の意味は、先の「規格化」「分業化」「同時化」「集中化」「極大化」「中央集権化」の逆だと理解ください。

そのような社会では基本的に三密は起こりません。学習内容・方法は多様であることが前提なのです。

現在、工業化社会の学校によって「規格化」「分業化」「同時化」「集中化」「極大化」「中央集権化」された人材が養成されています。しかし、そのような人材はAI、ロボット、外国人労働者に職を奪われていきます。結果として、多くの若者が非正規雇用の職にしか就けないのです。早く、教育も脱工業化社会にシフトすべきなのです。

災い転じて

今回のことで多くの方々が亡くなられました。ご冥福をお祈りいたします。その方々のためにも、これを今後の社会への転換点にすることを提案します。

おそらくオンライン授業に踏み込む学校が、実際にどれほどになるかは、これから起こるであろう児童虐待ともいうべき状況に対する保護者の反発の強さによって決まると思います。

しかし、今の授業に固執する多くの学校は押し切ってしまうでしょう。そうなったら年度途中であっても、保護者は広域通信制高校やオンライン授業に対応したフリースクールに子どもを転校させるでしょう。もしかしたらロジャーズの普及化理論での16%の人たち、即ち、新しいものに興味があり、苦労してもそれを使いこなそうとする人たちがそうするかもしれません。そこまでではなくともかなりの人たちがオンライン授業に対応した学校を選びます。

そうなれば通信制学校は不登校児のための学校という認識が改まり、アンテナが高く意識の高い子ども・保護者の学校という認識が広がります。そうなったら、令和4年度以降も通信制学校への人気が高まります。そして公立学校が成り立たなくなります。その時です。コロナ禍においてオンライン授業に取り組んだ人たちが一定数いれば、公立学校の改革にソフトランディングできます。

オンライン教育によって物理的に離れているクラスをつないでの教

育も可能になります。小中高をつないだ教育も実現できるでしょう。

　本書を読み進めれば、今まで不可能であったことが、簡単に可能になることを知るでしょう。そして実際に実践するならば、本書で紹介した以上の利用方法を発見すると思います。特に子どもたちが、自分たちの個別最適化した教育を実現するツールとして使い切ると思います。

　皆さんのお勤めの学校、また、教育委員会が頑迷な工業化社会人であるかもしれません。しかし、早晩、もうそれ以外には道がないことに気づき、渋々と脱工業化社会の人「も」認めるでしょう。もし、皆さんのお勤めの学校、また、教育委員会が新たな教育に前向きだったら、ぜひ、推進してください。そして前例を生み出してください。前例が積み上がるならば、工業化社会人も変化します。

　遅かれ早かれ、日本の社会は脱工業化社会にシフトし、教育も脱工業化社会にシフトします。その姿は工業化社会人から見れば、不公平な教育のように見えるでしょう。しかし、そもそも**一律の価値観にとらわれているから不平等に見えるのです。一人ひとりが独自の価値観を持ったならば、不平等ではなく多様性と見えるでしょう。**今回のことで、そのシフトの時間が短くなったのではないかと思います。いや、みんなで短くしましょう。そうすることによって工業化社会の学校によって脱工業化社会で生き残れない子どもの大量養成をストップできるのです。

　だから、ワクワクしながら我々は本書を書きました。

編著者紹介

西川純

1959年東京生まれ。筑波大学教育研究科修了（教育学博士）。都立高校教諭を経て、上越教育大学にて研究の道に進み、2002年より上越教育大学教職大学院教授、博士（学校教育学）。前・臨床教科教育学会会長。全国に『学び合い』を広めるため、講演、執筆活動に活躍中。主な著書に『すぐわかる！　できる！　アクティブ・ラーニング』『2030年教師の仕事はこう変わる！』（いずれも学陽書房）ほか多数（なお、質問があれば、jun@imajun.comにメールをください。真面目な方からの真面目なメールに対しては、誠意をもって返信します）。

執筆者紹介（50音順）

佐藤剛・早川史織・松村昂・吉田友貴（上越教育大学教職大学院西川研究室所属）

細野憲一（上越教育大学西川研究室所属）

福原将之（株式会社 FlipSilverlining 代表、教育・ICT コンサルタント https://kagakucafe.com）

編集協力者紹介（50音順）

網代涼佑（和歌山県公立高校教諭・上越教育大学教職大学院西川研究室所属）

宇尾野綾音・佐藤有衣子・田中大輝・成瀬友美加・廣嶋敬正・前澤圭大・宮崎一樹・山崎将矢（上越教育大学教職大学院西川研究室所属）

事例執筆者紹介（50音順）

菊野慎太郎（静岡大学教育学部附属静岡中学校教諭）

西村俊介（福岡県公立小学校教諭）

山内すみれ（埼玉県公立小学校教諭）

吉村元貴・畑洋介・住山正樹（大阪府太子町立中学校教諭）

イラスト

長田充世（上越教育大学教職大学院西川研究室所属）

子どもが「学び合う」
オンライン授業！

2020年7月24日　初版発行
2020年8月27日　2刷発行

編　著————西川 純

発行者————佐久間重嘉

発行所————学 陽 書 房
　　　　　　〒102-0072　東京都千代田区飯田橋1-9-3
編集部————TEL 03-3261-1112
営業部————TEL 03-3261-1111／FAX 03-5211-3300
　　　　　　振替口座　00170-4-84240
　　　　　　http://www.gakuyo.co.jp/

ブックデザイン／スタジオダンク　　カバーイラスト／おしろゆうこ
本文DTP制作／越海辰夫
印刷・製本／三省堂印刷

すぐに始められる実践が満載！

A5 判・128 ページ　定価＝本体 1700 円＋税

はじめての先生や学校が取り組みやすい方法がいっぱい！
Zoom による朝の会、さまざまな授業の実践の方法など、
子どもたちとつながるための使いやすいツールやノウハウ
がわかる待望の１冊！